JN174500

パラリンピックを学ぶ

パラリンピックのシンボルマークは「スリー・アギトス」と呼ばれています。アギトスとは、ラテン語で「私は動く」という意味です。赤・青・緑の3色は、世界の国旗で最も多く使用されている3色ということで選ばれています。中心を取り囲むように位置する3色の曲線は「動き」を象徴したもので、世界中から選手を集わせるというパラリンピックムーブメントの役割を強調したものとなっています。

〔編著〕

平田竹男
早稲田大学大学院スポーツ科学研究科教授

河合純一
日本パラリンピアンズ協会会長

荒井秀樹
パラノルディックスキーチーム日本代表監督

早稲田大学出版部

はじめに

　パラリンピックは現在、世界第3位のチケット売上を誇る大会であり、2012年のロンドンパラリンピックは大きな成功を収めたといわれています。しかし、日本における同大会の中継は毎日1時間のハイライトのみに過ぎませんでした。"なぜ欧米と違い日本ではパラリンピックが注目されないのか"、これはパラリンピックアテネ大会、北京大会に出場し、大学院の私の研究室で学んだ佐藤真海さんの研究テーマでした。

　2020年に東京でオリンピック・パラリンピックが開催されることが決まりましたが、未だに「パラリンピックはオリンピックのおまけ」のように感じている日本人も多いのではないでしょうか。私は、2020年東京大会ではパラリンピックの成功こそが重要であり、それはその後の日本にとって本当に大切なことだと思っています。

　2020年には、障がいを持つ方も含めさまざまな外国人が選手として観客として日本にやってきます。空港から車いすで電車に乗ってホテルまで行けるか、トイレのスペースは十分か、など、わかりやすいインフラのバリアフリーが進んできています。このように環境は変わってきている一方で、より重要となるのが個人個人における意識の改革です。2025年には団塊の世代が75歳以上の後期高齢者になります。これからの日本に必要なのは、「心のバリアフリー」です。障がい者だけでなく、高齢者やベビーカー利用者にも、誰もが自然に手を差し伸べ、気持ちよく過ごせる社

会を築けば、日本は世界から尊敬される国になるでしょう。

　私のゼミの集まりや講義などに、障がい者アスリートに参加してもらうことがありますが、彼らに接した学生たちが「障がい者スポーツの重要性」を肌で感じているのがいつもヒシヒシと伝わってきます。そして、このことを広く伝えることが私の使命だと感じました。そこで、まず手始めに早稲田大学の全学共通プログラムとして、2015年度から「パラリンピック概論」を開講した次第です。私の研究室の卒業生である荒井秀樹さん（パラノルディックスキーチーム日本代表監督、日立ソリューションズの「チームAURORA」の監督）と河合純一さん（日本パラリンピアンズ協会会長）と私の3名が講座を担当しました。

　「パラリンピック概論」は、河合さんや荒井さん、またゲスト講師であるパラリンピアンの生の声を通じて、パラリンピックの成り立ちや魅力を知り、障がいの種類やバリアについて理解を深め、学生の皆さんに共生社会について考える機会を与えることを目的にしています。講義は1週間に2回おこない、早稲田大学内のインターネットのみで見られるオンデマンド講義と教場でおこなうクラス講義の2つの形のジョイントです。

　オンデマンド講義はまずパラリンピックの知識編です。歴史を学び、パラリンピックの競技はどのくらいあり、オリンピックとどう違うのかも学びます。そしてパラリンピアンの競技環境やパラリンピックが発展していくなかでメディアはどのような役割を果たしたのか、障がい者が日本で生活するうえでのアクセシビリティなどについて学びます。

　教場でおこなうクラス講義では河合さんや荒井さん、ゲストスピーカーの生の声を大切にしています。障がい者やパラリンピアンの実情を学んでいく際にオンデマンド講義のみでは限界があります。そこで河合さんや荒井さんが生徒に直接語り掛けることによって、より深い知識を学生が身につけることができます。

　本書（『パラリンピックを学ぶ』）は、「パラリンピック概論」の授業を始め

るにあたり教科書を探したものの、パラリンピックのことを1冊で理解できる本がなかったために作ることにしたものです。2015年度の講義録がベースではありますが、基礎知識を習得するオンデマンド講義や実際の声を大切にするクラス講義をより深く理解するための教科書であり、また講義以外の時間でもこの本を手にすることで、パラリンピックと触れ合えることを目的として執筆しました。

　2015年度に講義をおこなって最も感じたのは、学生の皆さんの「パラリンピックをもっと知りたい」という熱意でした。その期待は私に、いつでも好きなときにパラリンピックを学び触れ合うことができ、講義以外で新たな知識や考えを植えつけることができる本、パラリンピックを総合的に理解できる教科書を執筆するモチベーションを与え続けてくれました。

　私は、学生の皆さんに2020年の東京オリンピック・パラリンピックが他人事ではなく、どのような形であれ自身が関わっているという認識を持っていてほしいのです。同時に、困っている人がいれば、たとえば視覚障がい者の方が道で立ち止まっていれば、自然と手助けできるような人間を育てていきたいと考えています。

　本書を通じて、「パラリンピック概論」を受講する学生の皆さんはより深く知識を養い、講義を受講されていない学生の皆さんや一般の方々はパラリンピックの魅力や凄さを感じ取っていただくことができれば幸いです。それはきっと、日本における心のバリアフリー、共生社会の実現に貢献し、2020年のパラリンピック東京大会が終わっても、後世までずっと続く大切な日本の宝物になると信じています。

平田竹男

増刷にあたって

　2016年8月に本書を上梓して以来、今日までにパラリンピックの認知度は飛躍的に向上し、それに伴う障がい者に対する社会の捉え方も大きく変化しています。また、毎年の授業を通じて毎週毎週、より積極的になる学生の変化を体感しています。

　本書の上梓時にはゲストスピーカーであった大日方邦子さんは、その後早稲田大学で修士を取得し、今は本授業「パラリンピックを学ぶ」をリードする担当講師になりました。2018年の平昌パラリンピックでは大日方さんがパラリンピアンとして初となる選手団団長を務め、村岡桃佳さんがメダルを5個獲得するなど、本授業のパラリンピック現場との近さを感じる一幕でした。

　さて、2013年に東京開催が決定し、私が内閣官房参与として事務方のトップに就任した際、オリンピックとパラリンピックをオリンピックマークである「五輪」と省略せず、「オリパラ」という言葉を提唱しました。今ではパラリンピックを省いて2020年を語るメディアはいません。テレビCMにパラリンピアンが起用されるようになったことは隔世の感があります。

　教育界では学習指導要領の改訂により心のバリアフリーを授業で教えるようになり教員免許の更新で研修もするようになりました。東京都では今後建設されるビジネスホテルのトイレ入り口は車いすが入るようになります。

　2019年7月、2020年に向けたパラリンピック強化拠点（第2NTC）が完成しますが、本授業を受講した学生がバリアフリーレポートを手伝い、施設周辺の段差解消を政府に提言し、それが形となりました。

　まだまだ道のりは遠いですが、日に日に共生社会が進んでいることを実感しています。これもパラリンピック2020年開催のおかげだと思います。

　早稲田大学でパラリンピックを学ぶ若者たちの各方面での活躍こそが何十年先にも残る2020年のレガシーだと確信しています。

2019年5月

平田竹男

パラリンピックを学ぶ
目次

Part 2 選手たちは語る

Paralympic Games

Part 3 パラリンピックの今後

Paralympic Games

Part 1

パラリンピックの基礎知識

パラリンピックとは何か

Paralympic Games

1 パラリンピックの概要

▶障がい者による世界最高峰のスポーツイベント

　パラリンピックは、4年に1度、オリンピック終了後にオリンピック開催都市でおこなわれる障がい者による世界最高峰のスポーツイベントです。オリンピックと同様に夏季大会と冬季大会が開催されています。パラリンピックのシンボルマークは「スリー・アギトス」と呼ばれています。アギトスとは、ラテン語で「私は動く」という意味です。赤・青・緑の3色は、世界の国旗で最も多く使用されている3色ということで選ばれています。中心を取り囲むように位置する3色の曲線は「動き」を象徴したもので、世界中から選手を集わせるというパラリンピックムーブメントの役割を強調したものとなっています（図表1-8）。

　パラリンピックに参加する国と選手は大会ごとに増えています。第1回夏季パラリンピックである1960年ローマ大会では23カ国、400名の選手が出場しました。それから50年以上たった2012年ロンドン大会では164カ国、4237人の選手が出場しました（図表1-1）。

▶オリンピックより多い競技種目

　パラリンピックの特徴として、種目数の多さがあげられます。ロンドン大会では、オリンピックが26競技302種目だったのに対し、パラリンピックは20競技503種目でした（図表1-2）。その理由は、パラリンピックは同一レベルの選手同士で競い合えるようにするため、障がいの種類、部位、程度によってクラス分けがおこなわれているからです。クラス分けは競技種目によって異なりますが、陸上競技であれば視覚障がい、肢体不自由、知的障がいなどに大別され、肢体不自由でも原因が脳性まひであるか手足の切断であるかなどで区分され、さらに障がいの軽重により種目ごとに及ぼす影響で階級化されます。

▶「パラリンピック」という名称は1964年東京大会から

　パラリンピックという名前には「もう1つの（Parallel）＋オリンピック（Olympic）」という意味があります。そしてこのパラリンピックという名称で呼ばれ始めたのは第2回パラリンピックである1964年東京大会からです。当時の発想は「Paraplegia（対まひ者）」の「Olympic」＝「Paralympic」でした。

▶競技の概要

　では、パラリンピックの競技について見てみましょう。

①車いすバスケットボール

　車いすバスケットボールは非常に激しいスポーツとして知られています。選手は鍛え抜かれた上半身と、細かくオーダーされた「ハ」の字形の競技用車いすを武器に、縦横無尽にコート上を駆けまわり、激しくぶつかり合います。しかし、競技用車いすは普通の車いすと違い、ベルトや足の前にバンパーがついて足をけがしないようになっています。後ろにも小さいタイヤがついているため、後ろに反っても転倒しないようになっています。

②アルペンスキー

　アルペンスキーは冬季パラリンピックの競技です。チェアスキーという1

本のスキー板に衝撃吸収機構を介して座席を取りつけた用具とアウトリガーというスキーのストックの先に小型のスキー板が装着された用具を使用し、競技をおこないます。滑降競技であるため非常にスピードが出やすく、最高時速が100km/hを超える場合も少なくありません。

③パワーリフティング

パワーリフティングは足に障がいがある選手がおこなうベンチプレス競技です。競技は体重別におこなわれ、男女それぞれ10クラスあります。パワーリフティングの場合、通常の試技ができる選手は、健常者の大会にも参加できます。

④アイススレッジホッケー

アイススレッジホッケーはアイスホッケーによく似たスポーツであり、氷上の格闘技と呼ばれています。選手はスレッジと呼ばれる専用のソリに乗って競技をおこない、シュートの速度は時速100km/hに達します。身体コンタクトがルール上許されており、このスポーツも非常に激しいスポーツといえます。

▶ 身体を鍛え上げた障がい者のアスリートがおこなうもの

ここまでに見たパラリンピックの競技は、決して誰もができるような競技ではありません。パラリンピックは単なる障がい者のスポーツイベントというものではなく、健常者のアスリートと同様に身体を鍛え上げた障がい者のアスリートがおこなうスポーツイベントです。

2012年の夏季パラリンピックであるロンドン大会では、英公共放送チャンネル4がパラリンピアンを「スーパーヒューマン」と呼ぶキャンペーンをおこないましたが、実際に障がいを乗り越え、競走や記録に挑戦していくパラリンピアンはまさにスーパーヒューマンです。

2 ┊ パラリンピックの変遷をたどる

▶「リハビリの延長」から「競技性の高いスポーツ」へ

それでは、パラリンピックの過去について学んでいきましょう。1960年ローマ大会を第1回とするパラリンピックは、世界でどのように変遷していったのでしょうか。

1964年の東京大会以後、パラリンピックはオリンピックとは別の都市で開催されてきましたが、1988年のソウル大会は国際オリンピック委員会（IOC：International Olympic Committee）が直接関わる初めての大会になり、この大会からは再び夏季オリンピックと夏季パラリンピックの同一開催地が復活しました。

1989年にはリハビリの延長ではなく競技性の高いスポーツ大会を望む多くの競技者やスポーツリーダーの声の後押しにより、国際パラリンピック委員会（IPC：International Paralympic Committee）が設立され、これ以後、継続した大会運営がおこなわれるようになりました。

2000年のシドニーオリンピックのときにIOCとIPCとの間で正式に協定が結ばれ、オリンピックに続いてパラリンピックをおこなうことと、IPCからIOC委員を選出することが両者間で約束され、オリンピック開催都市でのパラリンピック開催が正式に義務化されました。

2001年には、IPCとIOCはスイスのローザンヌで合意文書に調印し、パラリンピックとオリンピックの連携を強化しました。2008年夏季大会（北京）、2010年冬季大会（バンクーバー）からIOCはパラリンピックについて運営・経済両面においてIPCを支援、また、パラリンピックの構成や保護を強化するとともに、パラリンピック競技大会の組織委員会はオリンピックの組織委員会に統合されることになりました（図表1-3）。

1988年 ソウル大会	→	1989年 IPC創設	→	2001年 IOCとIPCの合意	→	2008年 北京大会
オリンピックの会場と 施設を初めて利用		競技性の 高いスポーツに		「オリンピック招致には パラリンピック開催を 含まなければならない」		パラリンピックを オリンピック組織 委員会が運営

図表1-4　オリンピックとパラリンピックの一体化

開催年	回	パラリンピック 開催都市・国	オリンピックと同じ					備考
			国	都市	会場	補助金 支給	組織 委員会	
1960	1	ローマ（イタリア）	○	○				
1964	2	東京（日本）	○	○				
1968	3	テルアビブ（イスラエル）						
1972	4	ハイデルベルク（西ドイツ）	○					
1976	5	トロント（カナダ）	○					
1980	6	アーネム（オランダ）						
1984	7	ニューヨーク（アメリカ）・ アイレスベリー（イギリス）	○					
1988	8	ソウル（韓国）	○	○	○			1989年 IPCの設立
1992	9	バルセロナ（スペイン）	○	○	○		○	
1996	10	アトランタ（アメリカ）	○	○	○			
2000	11	シドニー（オーストラリア）	○	○	○			
2004	12	アテネ（ギリシャ）	○	○	○		○	
2008	13	北京（中国）	○ （メディア、ドーピング、スポーツ仲裁）					オリンピック招致 にパラリンピック 開催が含まれる
2012	14	ロンドン（イギリス）						

▶オリンピックとの連携で注目が集まる

　図表1-4は過去のパラリンピックがオリンピックとどの点で連携している
か図式化したものです。1988年ソウル大会以前は、オリンピックとほとん
ど連携が取れていないことがわかります。

　図表1-5は、パラリンピックのチケット売上数とボランティア数のグラフ

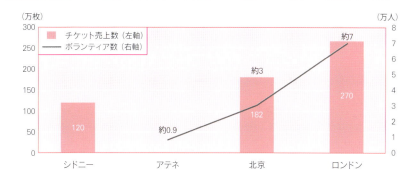

図表1-5 チケット売上数、ボランティア数

（万枚）　（万人）

- チケット売上数（左軸）
- ボランティア数（右軸）

シドニー　120
アテネ　約0.9
北京　182　約3
ロンドン　270　約7

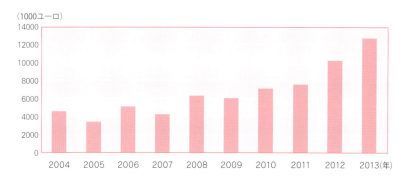

図表1-6 パラリンピックの収入推移

（1000ユーロ）

2004　2005　2006　2007　2008　2009　2010　2011　2012　2013（年）

です。アテネ大会のチケット売上数は不明ですが、シドニー、北京、ロンドンとその数を増やしています。また、それはボランティア数にも同じことがいえ、ロンドン大会では7万人のボランティアがパラリンピックを支えていました。

　オリンピックとパラリンピックが統合したことで、パラリンピックにも大きな注目が集まるようになったといえるでしょう。

　それは実際にパラリンピックの収入推移の傾向でも見られ、2008年のオリンピックとパラリンピックが初めて一体化しておこなわれた北京大会からパラリンピックの収入は上昇しています（図表1-6）。

▶写真1–1 ロンドンオリンピック・パラリンピックが終了した後のパレードの様子

©AFP PHOTO/MURRAY SANDERS

▶ロンドンパラリンピックのケース

　2012年の夏季パラリンピックのロンドン大会は期間中、非常に盛り上がりを見せたことがニュースなどで伝えられました。写真1-1は、ロンドンオリンピック・パラリンピックが終了した後におこなわれた市内パレードの様子です。パレードにはオリンピアンにかぎらず、パラリンピアンも参加し、観客の声援に応えました。

　写真1-2はロンドンの地下鉄におけるアクセシビリティの例です。路線図の車いすマークは車いすのまま、電車やホームまで乗り入れできる駅を示しています。また電車と駅のプラットホームの間には段差やすきまがほとんどなく、車いす利用者も安全に電車に乗ることができます（写真1-3）。

▶日本におけるパラリンピックの変遷

　1964年の東京オリンピックは今日の生活にも続く多くのものをもたらしました。国立競技場や新幹線、首都高速道路などオリンピック開催は都市の

▶写真1-2　地下鉄の路線図に車いすマーク

▶写真1-3　電車とホームはフラット

開発や経済成長を促しました。また、スポーツ面においても日本サッカーリーグの誕生など多くの影響を与えました。

　パラリンピックも多くのものをもたらしました。1964年の東京パラリンピックの成功を受けて、日本では身体障がい者のスポーツの振興を推進するために全国身体障害者スポーツ大会の開催が決まりました。この大会は、翌年の1965年から毎年国民体育大会の後に同じ開催都市でおこなわれるようになりました。

　その後1974年、大阪市に障がい者スポーツセンターが開設され、地域レベルにおいて障がい者スポーツの振興がおこなわれるようになりました。また1998年の長野パラリンピックを契機に競技スポーツも発展し、パラリンピックに対する注目度が国内で高まりを見せました。

　長野パラリンピック以降、障がい者スポーツに対する関心が高くなった1つの表れとして、障がい者スポーツが各種メディアに登場する回数が多くなったことがあげられます。アトランタパラリンピックからトリノパラリンピック開催期間中の写真入り新聞記事の推移は図表1-7のとおりです。長野パラリンピック以降急激に増えていることがわかります。

3 早稲田大学とパラリンピック

▶走り幅跳び選手の佐藤真海さん

　次に、早稲田大学とパラリンピックについて見ていきましょう。早稲田大学は2008年の北京大会以降、2015年まででも3人の現役学生と8人の卒業生がパラリンピックに参加しています。

　2020年東京オリンピック・パラリンピック招致委員会プレゼンターとして招致に貢献した佐藤真海さん（写真1-4）は陸上の走り幅跳びの選手です。佐藤真海さんはこれまで3回のパラリンピックに出場しています。2004年アテネパラリンピックは3m95cmで9位、2008年北京パラリンピックは4m28cmで6位入賞、2012年ロンドンパラリンピックは自己記録更新の4m70cmで9位を記録しています。また、2013年4月のブラジルサンパウロ大会で5m02cmの日本新記録、7月のIPC世界選手権で銅メダルも獲得しています。会社員と競技選手でいることのほかに、障がい者スポーツの理解と支援を広げる活動に取り組み、日本パラリンピアンズ協会の理事も務めています。結婚、出産し、谷真海として2016年よりトライアスロンに転向しています。

▶写真1-4 佐藤真海さん(左)と平田先生

▶写真1-5 河合純一さん(右)

©AFP PHOTO/OLIVIER MORIN

▶日本パラリンピアンズ協会会長で水泳選手の河合純一さん

　河合純一さん(写真1-5)は日本パラリンピアンズ協会会長であり、水泳の選手です。水泳を始めたのは小学校のときで、17歳のときにバルセロナパラリンピックに出場、銀メダルを2枚、銅メダルを3枚獲得しました。早稲田大学入学後もトレーニングを続け、アトランタパラリンピックでは50m自由形B1、100m自由形B1で初の金メダルを2枚と銀メダルと銅メダルを1枚ずつ獲得しました。教員となってからも、シドニーパラリンピックで金メダル2枚、銀メダル3枚、アテネパラリンピックで金メダル1枚、銀メダル4枚、銅メダル1枚獲得し、全盲の50m自由形の3連覇を成し遂げました。4連覇がかかった北京パラリンピックではスペインのエナメド・エナメドに敗れましたが、銀メダルを獲得し、他種目でも銅メダル1枚を獲得しました。

▶パラノルディックスキーチーム日本代表監督の荒井秀樹さん

　荒井秀樹さん(写真1-6)は、パラノルディックスキーチーム日本代表監督、日立ソリューションズ「チームAURORA(アウローラ)」監督を務めています。1998年の長野パラリンピック開催に先立ち、当時の厚生労働省の要請により障がい者スキーの組織化、選手強化、指導、育成をゼロから始めました。長野、ソルトレイク、トリノ、バンクーバー、ソチと5大会連続でメダリストを輩出し、パラリンピック、世界選手権、ワールドカップの各大会

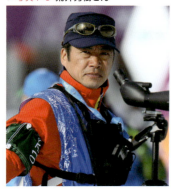

では優勝者を輩出しています。

▶ アルペンスキー選手の村岡桃佳さん

　村岡桃佳さん（写真1-7）は2015年度に早稲田大学に入学したアルペンスキーの選手です。中学2年生でアルペンスキーを本格的に始めるとすぐに頭角を現し、ソチパラリンピックに出場し、平昌大会では金を含む5個のメダルを獲得、旗手も務めました。他にも、トライアスロンの木村潤平さん、パラリンピアンとして初めて選手団団長を務めたアルペンスキーの大日方邦子さんなど、早稲田大学とパラリンピックの関係性は非常に近いのです。

4 ┊ 2020年東京オリンピック・パラリンピックに向けて

▶ オリンピックとパラリンピックのマーク

　次に、2020年東京オリンピック・パラリンピックについて学びます。図表1-8の左のマークはオリンピックシンボルといい、色は左から青・黄・黒・緑・赤です。ピエール・ド・クーベルタンが古代オリンピックの開催地

図表1-9　2020年東京オリンピック・パラリンピックに向けて

1.セキュリティ・安全安心	4.外国人旅行者の受け入れ
・テロ対策	・外国人旅行者の受け入れ
・サイバーセキュリティ対策	5.バリアフリー
・防災・ライフライン・安全安心	・競技施設・公共施設等のバリアフリー
2.復興・地域活性化	・障がい者への理解
・東日本大震災被災地との連携	6.スポーツ
・大会と連携した地域交流・地域活性化	・競技力の向上・国立競技場の整備等
3.輸送	・障がい者スポーツ等の推進
・CIQ	7.文化・環境等
・顧客・関係者の円滑な輸送	

　の1つであるデルフォイの祭壇にあった休戦協定をなかに刻んだ五輪の紋章に着想を得て制作し、1914年にIOC設立20周年記念式典で発表されました。
　図表1-8の右のマークは本書の冒頭で説明したパラリンピックマークで、スリー・アギトスと呼ばれます。

▶東京オリンピック・パラリンピックに向けて何が必要か

　2020年東京オリンピック・パラリンピック（通称オリパラ）に向けて必要なことは何でしょうか。図表1-9は東京オリパラに向けた政府の施策です。バリアフリー環境の整備や障がい者スポーツを推進することは共生社会を目指すうえで非常に重要になってきます。それではまず、現在の障がい者が置かれている環境について説明しましょう。

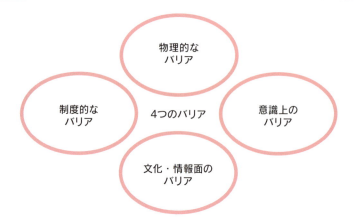

　障がい者が社会生活を送ろうとするとき、また、社会参加しようとするときに4つのバリア（図表1-10）があるといわれます。社会参加にはもちろんスポーツをしたり、いろいろなレクリエーションを楽しんだりすることも含まれます。それでは各項目について見ていきましょう。

①物理的なバリア

　まずは物理的なバリアです。物理的なバリアの最たるものが、車いすを利用している人や白杖を利用している人などが、街中で遭遇する、移動の難かしさです。道路は障がいがない人や自動車に便利なように整備されてきました。そのため、歩道の段差、幅の狭さ、放置自転車や看板、歩道上に駐車する車、電柱などが障壁となって移動が難しくなっているところがたくさんあります。電車と駅のプラットホームの間隔や階段、改札口にも同じことがいえます。また、建物のなかにも障壁はあります。狭い入口や階段、車いすに座ったまま利用できない自動販売機、公衆電話、トイレなどです。

②制度的なバリア

　制度的なバリアには、障がいがあることが原因で各種の資格制度や入学試

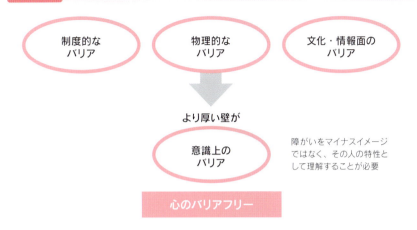

図表1-11 意識上のバリア

制度的な
バリア

物理的な
バリア

文化・情報面の
バリア

より厚い壁が

意識上の
バリア

障がいをマイナスイメージ
ではなく、その人の特性と
して理解することが必要

心のバリアフリー

験、就職試験が受けられないことがあげられます。障がいがあるだけで使わ
せてもらえないスポーツ施設も制度面のバリアです。

③文化・情報面のバリア

　視覚障がいや聴覚障がいがある人は、障がいのない人に比べて受け取る情
報が著しく制限されます。そのため、安全で自立した生活を送るための情報
が受け取れなかったり、読みたい本が読めなかったり、音楽が聴けなかった
りすることが文化・情報面のバリアです。点字や点字ブロック、においによ
る情報、手すり、手話、字幕つき放送、FAX、Eメール、パソコン、携帯
電話等は視覚障がいや聴覚障がいを持つ人にとって重要な情報入手手段なの
です。特にパソコンや携帯電話などの情報通信機器の発達は、これまで不可
能だったコミュニケーションを可能にするものとして、聴覚障がいや、視覚
障がいを持つ人にとって朗報となっています。

④意識上のバリア

　これまで見てきた3つのバリアにも増して厚い壁が、人々の意識上のバリ
ア（図表1-11）です。心無い言葉や視線が、障がいのある人やその家族を傷

つけ、自立した生活や社会参加を拒んでいることがあります。また、障がいのある人を憐れみ、「かわいそう」だとか、「気の毒」といった同情の念で見たりすることがあります。これは障がいのある人を庇護すべき存在と考え、優越的な立場から、不幸な人のために何かをしてあげようとする姿勢で、障がいのある人や、その家族には決して心地良いものではありません。障がいのある人もない人も同じ人間であり、ともに生きていく社会。障がいがあろうとなかろうと一人ひとりがそれぞれの役割を持ち、同じ社会のメンバーとして互いに支え合っていくという考え方がなされるべきです。そのためには障がいを克服されるべきものとしてマイナスイメージでとらえるのではなく、その人の特性として、前向きに理解することが必要です。

▶バリアフリー環境を構築する改善計画

　次にパラリンピックに向けたバリアフリー環境の改善計画です。ハード面においては駅や空港の複数移動ルートのバリアフリーが重要になってきます。また、新設予定の新国立競技場にもバリアフリー環境の導入が計画されています。加えてテクノロジーを利用し、障がい者をサポートする取り組みも進められています。ソフト面においては障がい者を理解し、障がい者スポーツを推進することが大切です。しかし、そのためには障がい者について知る必要があります。

　2020年パラリンピック東京大会の成功を通じて、人々の意識改革や共生社会の実現、多様性を尊重できる心の育成、障がいの有無に関わらない相互理解の促進が求められます。それこそがパラリンピックのレガシーであり、心のバリアフリーを実現するために必要になってくることでしょう。

第 2 章

パラリンピックの歴史

Paralympic Games

1 ：パラリンピックにおける2つの原点

▶「失われたものを数えるな、残されたものを最大限に生かせ」

　本章では、パラリンピックの歴史について学びたいと思います。まず、パラリンピックがどのように始まったか、皆さんご存知でしょうか。実は戦争が大きなきっかけとなったのです。第2次世界大戦、今から約70年前の話ですが当時のイギリス首相であるウィンストン・チャーチルが、脊髄を負傷した兵士の方々の治療のためにリハビリテーションに取り組もうということで、ロンドン郊外のストーク・マンデビルにある病院で、リハビリテーションのプログラムをスタートさせたのがそもそもの始まりです。

　ここの科長に就任したのが、ルートヴィヒ・グットマン（Ludwig Guttman）博士（写真2-1）です。この方は後に "パラリンピックの父" とも呼ばれるような存在になりました。彼が日本に伝えた、たいへん有名な言葉があります。それは、「失われたものを数えるな、残されたものを最大限に生かせ」というものです。まさに戦争による負傷で手や足を失ったり動かなくなった結果、自分の能力が失われてしまい、自分の存在理由さえも失いかけていた、そのような患者たちにスポーツ

▶写真 2-1　ルートヴィヒ・グットマン博士

出所：©Wikipedia commons

を通じて生きる喜びや希望や可能性を伝えてくれたのが、このグットマン博士であったといわれています。

▶1948年のストーク・マンデビル大会がパラリンピックの原点

　1948年、第2次世界大戦後初めてのオリンピックとなるロンドンオリンピックが開催されましたが、このロンドンオリンピックの開会式の日に、グットマン博士は、ストーク・マンデビル病院のアーチェリー大会を開催しました。この試みがまさにスポーツ大会として定着してゆき、その後「ストーク・マンデビル大会」といわれるものになっていくわけです。

　そして1952年にはオランダチームが参加し、国際競技会としての位置づけがスタートすることになります。なぜこのときアーチェリーが取り入れられたのでしょうか。

　それは、リハビリテーションと大きなつながりがあります。アーチェリーは矢を的に当てる競技ですが、選手が狙いをつけて集中をするうちに、非常に体勢のバランスの悪かった車いす利用者や脊髄損傷者が、自分なりに姿勢を保持しようという力が働き、それがリハビリテーションにつながっていったということです。これはたいへん興味深い話です。

2 | 国際大会への飛躍

▶第1回大会は1960年ローマ大会

　そしてその後、第1回パラリンピック大会が1960年に開催されました。この年、ローマでオリンピックが開催されたのですが、それと同じ場所で、国際ストーク・マンデビル大会が23カ国、400人の参加者によって開催されたのです。

　後に、この大会を第1回パラリンピック・ローマ大会と呼ぶようになりました。

▶「パラリンピック」の名称は東京大会から

1964年は東京オリンピックが開催されましたが、このときに第2回国際ストーク・マンデビル大会も東京でおこなわれました。これが第2回パラリンピックと呼ばれるようになるわけですが、この第2回東京大会からは、"パラリンピック"という言葉も初めて使われるようになりました。

「下半身まひ」を意味する言葉である"Paraplegia"と"Olympic"の2つの言葉を足し合わせてでき上がったのが"Paralympic"です。最初は正式な名称ではありませんでしたが、この東京大会から"東京パラリンピック"という呼び名がスタートし、実際用いられていたことはたいへん重要なことだと思います。

▶国際身体障がい者スポーツ大会への発展

ただ、この国際ストーク・マンデビル大会は、残念ながら車いすの選手のみの大会でした。それが1976年のカナダ・トロント大会（カナダ・モントリオールオリンピックと同年に開催）から、視覚障がい者や切断の選手たちも参加できるように参加資格の枠が広げられました。

またこの年、スウェーデンのエーンシェルドスピークでパラリンピックの第1回冬季大会が開催され、冬季大会の歴史もここから始まりました。

▶パラリンピックが正式名称に

そしてパラリンピックという言葉が、正式名称として使われるようになったのは1985年、国際オリンピック委員会（IOC：International Olympic Committee）がオリンピックと同じ年に開催する身体障がい者のスポーツ大会を"Paralympics（パラリンピックス）"と呼ぶことを認めてからです。しかしこの時点では、IOCはまだ、パラリンピックが「オリンピック」と名乗ることは禁止していました。

先ほど申し上げたように、パラリンピックという言葉はもともと "Paraplegia" と "Olympic" が統合された言葉だったわけですが、これ以後、「パラ = parallel（類似した、同様の、あるいはもう1つの）」という言葉と「Olympic（オリンピック）」の解釈も含め「Paralympic（パラリンピック）」という言葉ができ上がり、そして広まっていくきっかけになっていったということになります。

3 ｜「リハビリの大会」から「競技の大会」へ

▶競技性の高いスポーツ大会

　パラリンピックが正式名称として使われるようになったのは、1986年の韓国ソウル大会からです。そしてその後、この名前とともに、より競技性の高いスポーツ大会として再スタートを切ることになりました。

　一方、多くの障がい者団体からなる障がい者スポーツのための国際調整委員会という組織がありましたが、パラリンピックが大きく役割を変化させていく過程で、残念ながらこの組織は十分な調整役を果たせませんでした。

　その後、パラリンピックは競技性を高めていくという流れのなかで、1988年のオーストリアのインスブルック大会（冬季）から、やっとオリンピックとパラリンピックの同時開催が実現されました。

▶国際パラリンピック委員会（IPC）設立

　国際パラリンピック委員会（IPC：International Paralympic Committee）は、インスブルック大会の後の1989年9月に設立されました（本部：ドイツ・ボン）。

　1981年を国際連合が「国際障害者年」と定め、それを契機に障がい者に対するさまざまな施策が取り組まれましたが、そのなかに「完全参加と平等（full participation and equality）」という理念が謳われました。これを受けて世

回	開催年	開催地	車いす	切断・機能障がい	視覚障がい	脳性まひ	知的障がい
第1回	1960	ローマ	○				
第2回	1964	東京	○				
第3回	1968	テルアビブ	○				
第4回	1972	ハイデルベルク	○				
第5回	1976	トロント	○	○	○		
第6回	1980	アーネム	○	○	○	○	
第7回	1984	ニューヨーク アイネスベリー	○	○	○	○	
第8回	1988	ソウル	○	○	○	○	
第9回	1992	バルセロナ	○	○	○	○	
第10回	1996	アトランタ	○	○	○	○	○
第11回	2000	シドニー	○	○	○	○	○
第12回	2004	アテネ	○	○	○	○	○
第13回	2008	北京	○	○	○	○	
第14回	2012	ロンドン	○	○	○	○	○

界では、「障がい者のスポーツの参加率を上げていく」「障がい者も競技性の高いスポーツをおこなっていく」という機運が高まっていきました。

▶世界最高峰の障がい者スポーツ大会へ

そして2001年、IOCとIPCの両会長によって同意文書が作られ、まさに「もう1つのオリンピック」と呼ばれるパラリンピックに成長していくことになりました（図表2-1）。

そして、その後のオリンピック開催地、あるいは招致活動のなかにパラリンピック開催を位置づけるなどの動きがここからスタートしていくことになりました。

第**3**章

パラリンピックの競技について

1 パラリンピックにおける障がいとは何か

▶なぜオリンピックより競技種目が多いのか

　障がい者のためのスポーツは、障がいの種類によって身体障がい者・知的障がい者・精神障がい者の3グループに大きく分けられます（図表3-1）。それぞれに個別の歴史があり、組織・競技大会・取り組み方もまた異なります。パラリンピックは視覚、肢体不自由の障がい者を対象にしており、一部の知的障がい者の参加も認められています。

　パラリンピックの大きな特徴は種目数の多さです。2012年ロンドンパラリンピックでは20競技503種目がおこなわれ、この数はロンドンオリンピックの26競技302種目と比較しても多いといえるでしょう。この背景にあるのが、選手が持つ障がいとその程度に応じた種目があるためです。

▶障がいの種類

　パラリンピックに出場する選手には、図表3-1にあるように、さまざまな障がいがあります。

　本章では、各競技をおこなっている選手の障がいについて学んでいきましょう。

図表3-1 パラリンピックの参加対象

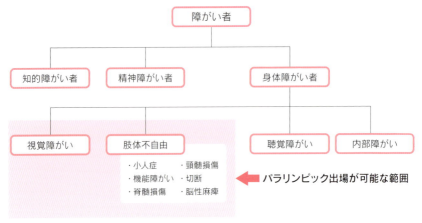

(注) 一部の知的障がい者も参加可能

①機能障がい

「機能障がい」は、たとえば、足を曲げたり、伸ばしたりすることができない障がいです。

②切断

「切断」は、病気や事故で手足を失う障がいです。

③脊髄損傷

「脊髄損傷」は、脊柱に事故などで強い外力が加えられることにより脊椎を損壊し、脊髄に損傷をうける病態で、下半身まひなどにより、日常生活で車いすが必要になります。

④脳性まひ

「脳性まひ」は、受精から生後4週までの間に、何らかの原因で受けた脳の損傷によって引き起こされる運動機能の障がいをさす症候群であり、運動障がい・肢体不自由者の約7割は、脳性まひが原因で障がいを起こしているといわれています。

⑤頸髄損傷

「頸髄損傷」は、交通事故・スポーツ事故・高所からの転落等での頸椎

の脱臼・骨折や頸髄自体の病気（腫瘍等）等により、頸髄を損傷して手足を動かしたり、痛みや温度等を感じたりすることができなくなる後遺障がいです。

⑥視覚障がい

「視覚障がい」は、が日常生活や就労などの場で困難を強く感じるほどに、視覚（視機能）が「弱い」、もしくは「まったくない」障がいです。

⑦知的障がい

「知的障がい」は、先天的、あるいは乳幼児期に知的発達が停止したことを原因に、社会生活への適応能力に制限がある障がいです。

▶実際の競技種目でクラス分けを見てみよう

パラリンピックの各競技種目は、同一レベルの選手同士で競い合えるようにするため、障がいの種類、部位、程度によってクラス分けがおこなわれています。クラス分けは競技種目によって異なりますが、肢体不自由でも原因が脳性まひであるか手足の切断であるかなどで区分され、さらに障がいの程度により種目ごとに及ぼす影響で階級化されるため、1つの競技に対して多くの種目があります。

それでは、具体例を見ていきましょう。

たとえばオリンピックでは予選から決勝を通して、男子100mという種目は1つしかありません。しかし、パラリンピックは、障がいの種別や程度により種目が異なるため、2012年ロンドンパラリンピックにおいて男子100mという種目は13個あります。

他の競技も見ていきましょう。まずは、車椅子バスケットボールのケースです。車椅子バスケットボールの選手には各々障がいレベルの重い者から順に4つのクラス、1.0〜4.5の持ち点が定められており、試合中コート上の5人の持ち点の合計が14.0を超えてはなりません（図表3-2）。

このクラス分けの目的は、障がいの重い選手も軽い選手も等しく試合に出場するチャンスを与えるためです。仮にこのクラス分け制度がなかった

級別	クラス1	クラス2	クラス3	クラス4
持ち点	1.0〜1.5	2.0〜2.5	3.0〜3.5	4.0〜4.5

← 障がいが重い　　　　　　　　　　　　　　　　障がいが軽い

図表3-3 アルペンスキーのケース

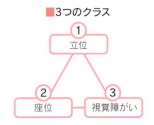

■3つのクラス

① 立位
② 座位
③ 視覚障がい

■実測タイムに設定されているタイム

1：00.00のタイムを記録するには ＝

クラス	係数		実測タイム
立位	0.8414	×	01:11.3
座位	0.7354		01:21.6
視覚障がい	0.6014		01:39.8

とすると、障がいの軽い選手だけでチームを組むことが可能となり、障がいの重い選手の出場機会を奪ってしまうことになります。

　冬の競技も見ていきましょう。アルペンスキーのケースです。選手はそれぞれの障がいを踏まえ、立位、座位、視覚障がいの3つのカテゴリーに分類され、各カテゴリーで競技をおこないます。勝敗は、実測タイムに障がいの程度に応じて設定されている係数を掛けた計算タイムで決まります（図表3-3）。

2 障がいをサポートする補装具について

▶補装具には「高度な」機能の代償が求められる

　次は補装具について見ていきましょう（図表3-4）。
　パラリンピアンが競技をおこなううえで必要な補装具には義肢、車い

図表3-4 補装具に求められるもの

強度な耐久性		高度な機能
・スポーツ用は耐久性に加え、軽量性も求められる	+	・失われた機能の代償 ・障がいの個人差 → 義肢装具士によるオーダーメード

す、自転車、チェアスキーなどがあります。補装具に求められるのは、まず耐久性です。一般日常生活に使用する補装具は、トラブルが少ないことと日常生活レベルの衝撃に対する高い耐久性が求められます。スポーツ用の補装具にはそれ以上の性能が必要であるため、各パーツがそれぞれに大きな繰り返しの衝撃荷重に耐えうる耐久性を持っていなければなりません。

また、補装具に求められるのは失われた機能の代償ですが、スポーツ用は「高度な」機能の代償が求められます。たとえば、スポーツ用の補装具はスピードや動きの変化、力の大きさなどの複雑な動作に対応することが必要です。しかし、障がいにも個人差があり、すべての補装具が自分に合うとはかぎらず、オーダーメードしなければなりません。そこで登場するのが体の義足の調整をする役目を担う義肢装具士です。パラリンピアンの佐藤真海さんは義肢装具士に出会う前は義足が足にあっておらず、歩くこともままならない状態でしたが、義肢装具士の職人技により、自分に合った義足を見つけ、「義足に血が通うよう」になったと表現をしています。

ではそれぞれの補装具について見ていきましょう。

▶義肢──人工の手足

義肢とは欠損部位の形態・機能を復元する人工の手足です。義手と義足の2つに分かれ、義足は現在、パーツごとに組み立てた骨格構造が主流です。

詳しく見ていきましょう。図表3-5は大腿切断者用の義足で、図表3-6が下腿切断者用の義足です。ソケットと呼ばれる部分は体重の支持や義足の懸垂が目的です。足部は地面に接して体重を支える大切な役目がありま

図表3-5 大腿切断者用　全体像	**図表3-6** 下腿切断者用　全体像

図表3-5（大腿切断者用）
- ソケット
- **アクリル樹脂製** 体重の支持義足の懸垂が目的
- 膝継手
- アダプター
- 足部
- **カーボンファイバー製** エネルギー蓄積型足部「たわみ」や「反発力」を利用
- ソール

図表3-6（下腿切断者用）
- ソケット
- アダプター
- 足部
- ソール

出所：図表3-5、3-6ともにottobock社

▶写真3-1　義肢

©AFP PHOTO/ ADRIAN DENNIS

　す。かかとから接地し、全体重で支え、つま先で踏み返す——この自然な動きを再現するために、さまざまな種類、硬さの足部があります。図表3-5、3-6の足部はエネルギー蓄積型足部といい、カーボンファイバーなどの板バネ状の部品で「たわみ」「反発力」を利用しています。

　実際にこうした義足を利用している佐藤真海さん（写真3-1）は走り幅跳

▶写真3-2　自転車

サイクル

©AFP PHOTO/ WILLIAM WEST

タンデム

©AFP PHOTO/ FREDERIC J. BROWN

ハンドバイク

©AFP PHOTO/ LEON NEAL

びの日本記録保持者です。

▶車いす──手動型と電動型に分かれる

　車いすは大きく手動型、電動型に分けられます。車いすも義肢と同様、身体への適合が必要です。たとえばシートの幅だけでなく、足の置場の長さや背もたれの長さ、シートの高さ、奥行き、手すりの高さ、車輪の大きさなどの採寸ポイントがあります。

　どの車いすもタイヤを八の字にすることで、激しい動きをしても車いすが倒れないように設計されています。それぞれの競技に合わせて性能も違い、タイヤの幅や車いすの重さも違ってきます。

▶自転車──4種類に分けられる

　自転車は4つに分けられ（写真3-2）、1人乗りのサイクル（2輪、3輪の2種類）、

2人乗りのタンデム、そして手でこいで動かすハンドバイクがあります。基本的な操作はあまり変わりませんが、タンデムの場合、前の座席に座るのは健常者です。

▶補装具の購入を補助する障害者自立支援法

障がい者が義肢を作成するためには義肢装具士が必要です。たとえば事故などによって義足を作る必要があるとき、膝より下の義足は25～40万円、太ももにつける義足は40～80万円の費用が掛かります。

一般の義足の場合、厚生労働省による障害者自立支援法により、価格の1割を負担すれば問題ありません。35万円の義足を購入した場合、3万5000円だけ支払えば義足が手に入ります。しかし、スポーツ用の義足にはこういった支援がありません。

スポーツ用の義足はカーボン製などになるためより高額になりますが、それを支援する法案はありません。2020年東京オリンピック・パラリンピックを迎えるにあたり、改善する必要がある部分の1つです。

3 ┊ 競技について

▶夏季は20種目503競技、冬季は5種目72競技

では次に競技を見ていきましょう。本章の冒頭でも述べましたが、ロンドンパラリンピックでは20競技503種目がおこなわれました。図表3-7は種目の一覧です。

図表3-8は、夏季パラリンピック競技の変遷です。アーチェリー、車いすフェンシング、車いすバスケットボール、水泳、卓球、陸上競技は第1回パラリンピックから継続しておこなわれてきています。

一方の冬季パラリンピックはどうでしょうか。図表3-9にあるように、

図表3-7 パラリンピックの競技（夏季）

- アーチェリー
- 陸上競技
- ボッチャ
- 自転車
- 馬術
- 5人制サッカー
- 7人制サッカー
- ゴールボール
- 柔道
- パワーリフティング
- ローイング
- セーリング
- 射撃
- 水泳
- 卓球
- シッティングバレーボール
- 車いすバスケットボール
- 車いすフェンシング
- 車いすラグビー
- 車いすテニス

（注）2012年ロンドン大会時。

図表3-8 夏季競技の変遷

競技名	第1回 1960年	第2回 1964年	第3回 1968年	第4回 1972年	第5回 1976年	第6回 1980年	第7回 1984年	第8回 1988年	第9回 1992年	第10回 1996年	第11回 2000年	第12回 2004年	第13回 2008年	第14回 2012年
アーチェリー	○	○	○	○	○	○	○	○	○	○	○	○	○	○
車いすラグビー										公開	○	○	○	○
車いすフェンシング	○	○	○	○	○	○	○	○	○	○	○	○	○	○
車いすテニス								公開	○	○	○	○	○	○
車いすバスケットボール	○	○	○	○	○	○	○	○	○	○	○	○	○	○
ゴールボール				公開	○	○	○	○	○	○	○	○	○	○
視覚障がい者5人制サッカー												○	○	○
脳性麻痺7人制サッカー								○	○	○	○	○	○	○
シッティングバレーボール						○	○	○	○	○	○	○	○	○
自転車競技								○	○	○	○	○	○	○
柔道								○	○	○	○	○	○	○
水泳	○	○	○	○	○	○	○	○	○	○	○	○	○	○
セーリング											公開	○	○	○
卓球	○	○	○	○	○	○	○	○	○	○	○	○	○	○
射撃					○	○	○	○	○	○	○	○	○	○
馬術							○	○	○	○	○	○	○	○
パワーリフティング		○	○	○	○	○	○	○	○	○	○	○	○	○
ボート														○
ボッチャ							○	○	○	○	○	○	○	○
陸上競技	○	○	○	○	○	○	○	○	○	○	○	○	○	○

（注）「公開」は「公開競技」。

図表3-9 パラリンピックの競技（冬季）

- アルペンスキー
- バイアスロン
- クロスカントリースキー
- アイススレッジホッケー
- 車いすカーリング

（注）2014年ソチ大会時。

図表3-10 冬季競技の変遷

競技名	第1回 1976年	第2回 1980年	第3回 1984年	第4回 1988年	第5回 1992年	第6回 1994年	第7回 1998年	第8回 2002年	第9回 2006年	第10回 2010年
アイススレッジホッケー						○	○	○	○	○
アルペンスキー	○	○	○	○	○	○	○	○	○	○
車いすカーリング									○	○
クロスカントリースキー	○	○	○	○	○	○	○	○	○	○
バイアスロン				○	○	○	○	○	○	○
アイススレッジスピードレース		○	○	○		○	○			

ソチパラリンピックでは5競技72種目がおこなわれました。図表3-10は冬季における競技の変遷です。アルペンスキーとクロスカントリースキーは第1回冬季パラリンピックから開催されています。アイススレッジスピードレースは氷上においてそり（スレッジ）に乗っておこなわれるスピードスケート競技で、トラック競技です。パラリンピックでは参加国と競技人口が少ないことを理由に、長野を最後に正式競技から外されました。

　次にパラリンピック特有の競技として、ボッチャとゴールボールを見ていきましょう。

▶ボッチャ──重度脳性まひ者等のための競技

　ボッチャ（写真3-3）は、パラリンピックでは重度の脳性まひ者及び同等の障がいのある選手のための競技としておこなわれています。ボールを自力で投げることができない場合は補助具を使ったり、足で蹴ってボールを転がしてもかまいません。このときに介助者は投げ入れられたボールのあるコートを見てはいけません。

　選手の中には言葉によるコミュニケーションが難しい人もいます。それでも介助者は選手に話しかけたりしてはいけません。重度障がいがある選手であってもすべて自己判断でゲームを進めていかなくてはなりません。自己決定がルールによって保障されたゲームなのです。

▶写真3-3 ボッチャ

©AFP PHOTO/ FREDERIC J. BROWN

▶写真3-4 ゴールボール

©AFP PHOTO/ BEN STANSALL

▶ゴールボール ── 視覚障がい者のための競技

　ゴールボール（写真3-4）は視覚障がい者によっておこなわれる競技です。投げたボールがディフェンスの3人の合間を縫ってエンドラインというゴールの前の線を超え、ゴールに入ると1点が入ります。サッカーのペナルティキックでゴール前にキーパーが3人いるようなイメージです。

　競技は前後半12分、ハーフタイムは3分です。同点の場合はさらに3分ハーフの延長戦がゴールデンゴール方式でおこなわれます。ゲーム中にアイシェード（目隠し）に触れると反則になります。選手はボールからの音を頼りにプレーするので観客も静かに観戦しなくてはなりません。

　では健常者も参加できる競技を見ていきましょう。たとえば陸上競技と自転車、5人制サッカーなどが該当します。

▶陸上競技 ── 健常者も参加できる競技①

　陸上競技（写真3-5）は、視覚障がいのある人はガイドランナー（伴走者）とともに競技をおこなうことができます。ガイドランナーは選手との距離が50cm以内に保てるようにロープを使って選手を誘導します。選手を引っ張ったり、押したりしてはいけません。また選手より先にゴールしてもいけません。選手とガイドランナーは声を掛け合い、歩調を合わせて走

▶写真3-5　陸上競技

ガイドランナー

©AFP PHOTO/ PETER PARK

▶写真3-6　自転車

パイロット

ストーカー

©AFP PHOTO/ FREDERIC J. BROWN

▶写真3-7　5人制サッカー：ブラインドサッカー

©AFP PHOTO/ FREDERIC J. BROWN

り、ゴールを目指します。

▶自転車競技──健常者も参加できる競技②

　自転車競技は2人乗りのタンデム自転車を使用し健常者も参加できます
（写真3-6）。この場合、健常者がパイロット（前乗り選手）として前席に乗り、
視力障がい者のサイクリストはストーカーとして後席に乗り、競技をおこ
ないます。

▶**5人制サッカー──健常者も参加できる競技③**

　5人制サッカー（写真3-7）は、ブラインドサッカーと呼ばれます。パラリンピックでは全盲のクラスのみがおこなわれます。ゴールボールと同様、アイマスクに触れるとペナルティとなります。ゴールキーパーは弱視または健常者がおこない、ゴールを守ると同時に、特にディフェンダー中心にガイドをおこないます。

4 ┊ 競技をめぐる問題と課題

▶**ドーピングコントロールの問題**

　本章では、パラリンピックの競技を中心に学んできましたが、課題ももちろんあります。まずドーピングコントロールの問題です。パラリンピック競技のハイパフォーマンス化に伴いドーピング検査もオリンピック並みに年々厳しくなってきています。そうした状況に対して十分に周知ができているとはいえず、市販の目薬や飲み薬に禁止薬物が入っているにもかかわらず摂取してしまい、ドーピング検査に引っかかることが増えてきています。

▶**ブースティングの問題**

　またブースティングも問題になってきています。厳密にいえばブースティングはドーピングではありませんが、故意に尿をためたり、体の一部を車いすで圧迫したりして人為的に血圧を上げた状態にして競技をおこなうことをいいます。しかし、この発作性高血圧は、200〜250mmにも達して、眼底出血や脳出血などの重大な合併症を引き起こす危険があります。

▶障がい偽装の問題

　また、障がい偽装の問題もあります。2000年、シドニーパラリンピックのバスケットボールで、知的障がいのクラスに出場して金メダルを取ったスペインのチームの選手12人中10人が健常者だったことが発覚し、世界的ニュースとなりました。その選手のうちの1名が、スペインのジャーナリストであり、事件発覚は本人からの告白であったといいます。

　スペイン障がい者スポーツ連盟の会長が責任を取り辞任、金メダルを剝奪されましたが、それだけで事件の処理は終わらず、INAS-FID（国際知的障害者スポーツ連盟）という知的障がい者団体は国際パラリンピック委員会（IPC：International Paralympic Committee）から組織的に資格を剝奪され、以降パラリンピックへの参加が見合せとなり、2002年のソルトレイク大会から知的障がい者クラスを実施しないことになりました。

　その後、2012年開催のロンドン大会では、知的障がい者クラスは障がい認定の厳格化等の条件を満たしたとIPCから承認を受けたいくつかの競技・種目で再び実施されました。

第 4 章

パラリンピックの環境

Paralympic Games

1 | イギリスにおける環境

▶ パラリンピック発祥の地イギリス

　本章では、パラリンピアン（パラリンピックに出場した選手）が置かれている環境について学びたいと思います。国内外のパラリンピアンたちが、今どのような状況にあるのかを理解しましょう。

　パラリンピックには、さまざまな国々が参加していますが、そのなかでも、パラリンピック発祥の地、あるいはパラリンピックを生み出した国であるイギリスが、連続して出場してきていることが注目すべき大きなポイントとなります。したがって、本章ではまずイギリスにおける選手をとりまく環境を見ていきましょう。

▶ ロンドンパラリンピックに向けて選手の強化を進める

　イギリスは夏季、冬季を含めてすべての大会に出場してきました（図表4-1）。ロンドンパラリンピックが開催されることを受け、イギリスでは非常に強いリーダーシップのもと、選手の強化策が講じられてきました。そして結果的には、ロンドンパラリンピックでは獲得したメダルの数も含めて大成功を収めました。

夏季パラリンピック

国・地域	参加回数	メダル獲得合計
アメリカ	14	1939
イギリス	14	1557
ドイツ	14	1323
オーストラリア	14	1013
フランス	14	921
オランダ	14	652
イタリア	14	466
イスラエル	14	380
オーストリア	14	336
スイス	14	241
アイルランド	14	215
ベルギー	14	210
アルゼンチン	14	157
スウェーデン	13	564
日本	13	338
韓国	13	301
ノルウェー	13	277
フィンランド	13	253

冬季パラリンピック

国・地域	参加回数	メダル獲得合計
ドイツ	10	330
ノルウェー	10	315
オーストリア	10	314
アメリカ	10	260
フィンランド	10	182
スイス	10	152
フランス	10	139
カナダ	10	119
スウェーデン	10	95
日本	10	74
イギリス	10	21
イタリア	9	61
ポーランド	9	44
オーストラリア	9	28
ニュージーランド	9	27
デンマーク	9	6

　イギリスにおける強化拠点ですが、競技ごとに点在しているのもイギリスならではの特徴です。

▶オリンピックと変わらない潤沢な資金をサポート

　選手の強化に必要なものとしては、「人」「物」「資金」があげられます。

　資金の部分については、「UKスポーツ」と呼ばれている、イギリスの独立行政法人がサポートしています。UKスポーツがイギリスパラリンピック委員会（BPA：British Paralympics Association）等と連携を取りながら、資金を競技の成績に応じてしっかり分配しています。

　そのなかでも特筆すべきことは、オリンピックもパラリンピックも分け隔てなく、同じ金額を分配していることです。そうした環境のもとで、イギリスは選手の強化を続けてきているわけです。

2 ┊ オーストラリアにおける環境

▶シドニー大会を契機に強豪国へ

　それでは、もう1つの注目すべき国、オーストラリアについても見ていきましょう。

　オーストラリアは、日本とは反対側の南半球に位置する国です。国土は広いですが、人口は日本よりも非常に少ない状況です。しかし、オリンピックでもパラリンピックでも、スポーツ強豪国として名高い国となっています。

　その要因はどこにあるのでしょうか。それはまさに2000年のシドニーオリンピック・パラリンピックが、スポーツ強豪国としての起爆剤になったということができます。

　シドニー大会に向けて、国家をあげた選手強化の取り組みが大きな力になりました。そしてその取り組みが未だに継続され、バージョンアップされてきているということも重要な要因となっています。

▶オリンピックとパラリンピックの選手同士がともにサポート

　パラリンピックとオリンピックが一緒に開催されるということには、大きな意味があります（図表4-2）。たとえば水泳の全豪選手権の場合、オリンピックの選考会がおこなわれますが、それと同時にパラリンピックの選考会もおこなわれるのです。そうした環境のもと、オリンピックの選手とパラリンピックの選手が一緒に練習したり、あるいはお互いの大会を見たり応援したりといった交流が、トップレベルはもちろん、草の根のレベルでもおこなわれています。

▶さまざまな目的で分散する強化拠点

オーストラリアの選手強化は、オーストラリア・スポーツ研究所（AIS：Australian Institute of Sport）等で継続的におこなわれると同時に、各州にあるスポーツ科学の研究拠点でもおこなわれています。

オーストラリアでは、こうした地域の拠点でも、スポーツ医科学の専門的なアドバイスやサポートが受けられる体制がしっかりと確立されています。

オーストラリアは、冬季種目における強化拠点も有しており、海外拠点としてイタリアにヨーロッパ・トレーニングセンターも用意しています。これは、南半球に位置するオーストラリアだからこその大きな要素であると思います。時差調整や北半球と南半球では季節が逆になるのでその調整、あるいはコンディショニングという意味でも、こうした場所をしっかりと確保しており、オーストラリアチームが万全な体制で大会に臨めるようにサポートしています。もちろんこれはオリンピックやパラリンピックという本番だけではなく、世界選手権やワールドカップなど、さまざまな機会で活用されています。すなわち、強化策を総合的にとらえて、さまざまな環境整備をおこなっているといえるでしょう。

こういったいろいろなサポートによって、オーストラリアはスポーツ強豪国という現在の地位を確固たるものにしながら、さらに進化、発展を図っていると考えられます。

3 韓国における環境

▶ソウル大会と平昌大会が選手強化のきっかけに

　最後に、お隣の韓国についても少し触れておきたいと思います。韓国では、1988年にソウルオリンピック・パラリンピックが開催され、選手強化のきっかけになりました。加えて2018年の冬季のパラリンピック・オリンピックが、平昌（ピョンチャン）で開催されることもすでに決定しており、この招致段階も含めて韓国国内で「障がい者スポーツを応援をしよう」「そもそも障がい者の権利というものをしっかりと守っていこう」という動きが非常に活発化しています。

▶強化拠点の「d'Ground」

　強化拠点としては、障がい者スポーツのナショナルトレーニングセンターとしてd'Ground（d=dynamic、dream、disability：図表4-3）という施設が設立されており、ここが韓国チームの強化拠点としてフルに活用されています。プールやトレーニングジム、あるいは体育館等さまざまな施設が完備されており、選手強化の取り組みに大きく貢献しています。

図表4-3 障がい者専用ナショナルトレーニングセンター：d'Groundの概要

・障がい者専用	・理学療法室
・230名の宿泊設備	・保健室
・競技施設	・レストラン
・トレーニングルーム	・70名のスタッフで運営

本章では、物（強化拠点、場所）や資金、あるいは海外遠征への支援のあり方を述べてきました。才能のある選手を見つけ、育て、強化するためには、このような「人」「物」「資金」の支援が重要ですし、仮に良い選手がいたとしても、良き指導者がいなければ育てられません。

　したがって、優秀な指導者の確保を前提として、上記3つの要素をしっかりと整備した国が力をつけていくのだと思います。それが実現できれば、一層、障がい者スポーツ／パラリンピックへの理解が深まっていくと思います。

第 5 章

パラリンピックとメディア

1 パラリンピックの注目度は上昇傾向

▶上昇するテレビでの視聴者数

　近年、パラリンピックに対する注目度は上昇しています。図表5-1は、テレビ視聴者数の高まりを表したグラフです。シドニー大会で3億人にとどまったテレビ視聴者数はロンドン大会では38億人にまで達し、12年間で10倍以上になりました。

　また、冬季パラリンピックでも同様の傾向が見られ、バンクーバー大会の16億人からソチ大会では21億人に上昇しています。

▶増える放送権収入

　では放送権収入はどうでしょうか。図表5-2は国際パラリンピック委員会（IPC：International Paralympic Committee）の年間データをもとに作成した放送権収入の推移です。2004年アテネ大会後の2005年は放送権収入が著しく低下しました。しかし、その後パラリンピックが開催されない年に若干の低下は見られるものの、右肩上がりに収入は増えていっています。視聴者数の高まりに伴い、メディアの注目度が高まっているといえるでしょう。

図表5-1 累計テレビ視聴者数

夏季パラリンピック
(100万人)

冬季パラリンピック
(100万人)

視聴者数の高まり

図表5-2 放送権収入の推移

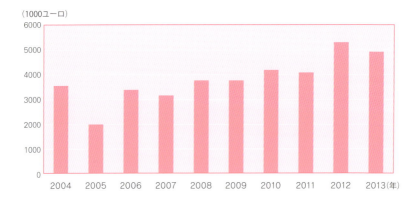

(1000ユーロ)

▶観客数やボランティア数も急増

　チケットの売上数とボランティア数も見ていきましょう（第1章図表1-5）。2012年度のロンドン大会ではチケット売上数は約270万枚に達し、ボランティア数は約7万人に達しました。この数値は過去最高であり、メディアによる影響も少なからずあると考えられるでしょう。

▶**注目度上昇の背景**

　ではこうした注目度の高まりの背景には何があるのでしょうか。2000年、第11回シドニーパラリンピックが開催されましたが、大会期間中、ファン・アントニオ・サマランチIOC会長と、ロバート・D. ステッドワードIPC会長によってIOCとIPCとの協力関係に関する話し合いが持たれ、「オリンピック開催国は、オリンピック終了後、引き続いてパラリンピックを開催しなければならない」との基本的な合意に達しました。

　さらに2001年6月19日には、スイス・ローザンヌにおいて、IOCとIPCの両会長によって、IOCとIPCとの協力関係に関する2度目の話し合いが持たれ、より詳細な協力関係に関する合意がなされます。

　現場レベルでは2004年のアテネ大会から協力関係にありましたが、共同の組織で運営されたのは2008年北京大会、2010年バンクーバー大会からです。パラリンピックはオリンピックの直後に同じ場所で開催するというIPCの戦略が奏功し、格段にマスコミに取り上げられる頻度が高くなり、数ある障がい者スポーツ大会のなかで最も知名度が高くなり商業的にも成功を収めつつあります。

2 ┊ パラリンピックにおけるメディアの活用について── イギリス

▶オリンピックとパラリンピックの組織委員会の統合がカギ

　ではパラリンピックのメディア活用に注目してみましょう。

　パラリンピックの露出量は、2004年アテネ大会以降飛躍的に増大しています。その要因はいくつかありますが、1つにはオリンピックとパラリンピックの大会組織委員会が統合したことが考えられます。それによりエンタープライズ部門（マーケティング、広報、収入）がうまく機能し、IPCが自立的経営をおこなうことが可能となっています。このことからもIOCとIPCの

連携には大きな効果があったといえます。

　また、2006年に「パラリンピックTV」というインターネット上での放送が開始されたことも大きいでしょう。従来は、パラリンピックの中継は少なかったのですが、IPCのワールドワイドパートナーであるVISA社とSAMSUNG社の2社が協力して、インターネットを通じてパラリンピックを中継したことが露出拡大に大きく貢献しました。

▶ 民放「チャンネル4」と大手スーパー「セインズベリー」の共同キャンペーン

　2012年のロンドン大会では1つの画期的な事例が生まれました。地元民放局「チャンネル4」がイギリス営放送局「BBC（イギリス放送協会）」以外で初めてパラリンピックの放映権を獲得したのです。

　ロンドン大会ではチャンネル4の取り組み以外にも、イギリス大手スーパーのセインズベリーが初めてパラリンピックの公式スポンサーになりました。この両社が連携して、パラリンピックを成功に導くための多くのキャンペーンが実施されました。

　一例をあげますと、"THANKS FOR THE WARM-UP"というパラリンピック特有の広告があります。これを日本語に訳すと「ステージを温めてくれて、ありがとう」という意味になります。もっと噛み砕いて解釈すれば、「前座お疲れさま、オリンピック……ここからが本番だ」という、かなり強いメッセージになります。こうした取り組みを通じて、パラリンピックの注目度を上げていこうとしたのです。では両社について見ていきましょう。

▶ コマーシャルでインパクトを与えた「チャンネル4」

　チャンネル4は公共サービス放送事業者です。ロンドンオリンピックはBBC局が総力をあげ1日中競技を中継していましたが、パラリンピックに関してはチャンネル4が力を尽くして放送しました。その放送時間は累計で400時間以上に及び、テレビにとどまらず、複数のデジタルチャンネル、イ

画面上でパラリンピアンの
露出を増やす

例：印象的コマーシャル
"Meet The Superhuman"

パラリンピックを
シンプルに楽しむ取り組み

例：クラス分けの視覚化
システムLEXI

史上最高の報道体制

例：中継だけではなく、
150時間以上のパラリンピック
をテーマにした番組

ンターネットのストリーミングにより競技は中継されました。

　チャンネル4が戦略として主に取り組んだことは図表5-3の3つです。特にコマーシャルは大きなインパクトを与えました。内容を簡単に紹介すると、パラリンピックに臨む各競技の選手たちが練習や競技会に参加する姿が次々に映し出されます。そんな映像が流れるなか、突如として、障がいを受傷するシーンが流れます。これらはパラリンピックの選手たちが障がいを抱えるに至った経緯として描写されています。そしてラストにはCMタイトルである"Meet The Superhuman"が表示され、緊張した面持ちで競技を間近に控える選手たちの姿が映し出されてフィナーレを迎えます。

　これまでパラリンピックの選手を積極的にメディア露出させることはある種タブーとされてきましたが、その価値観を180度変えるものとなりました。そしてこの取り組みは国営放送であるBBCにはコマーシャルがないためおこなえず、公共放送であるチャンネル4にしかできない取り組みだったのです。

図表5-4 LEXI

・クラス分けをビジュアルで示すという画期的な取り組み
・クラス分けの理解が進む

なし　　　　　　障がいの度合　　　　　　重度

緑　　　　　**パラ選手に対する認識が劇的に変化**　　　　　赤

▶視覚的なパラリンピアン理解のツール「LEXI」

　他にも視覚的にパラリンピアンの障がいを理解し、パラリンピックをより楽しめるようLEXI（図表5-4）という取り組みがおこなわれました。

　LEXIはこれまで理解が難しいといわれていたパラリンピックのクラス分けを、ビジュアルで示すという画期的な取り組みです。たとえば、片足切断の選手であれば、片足がないイラストが出ます。緑は障がいなし、赤は重度の障がいがあることを意味し、身体の各所における障がいの重度を示すのに使われます。

　チャンネル4は、LEXIを2014年のソチ冬季パラリンピックでも活用しました。この取り組みにより、パラリンピックを見るうえで複雑なクラス分けについても理解ができるようになりました。

▶ベッカム選手を活用した「セインズベリー」の取り組み

　大手スーパー「セインズベリー」も多くのキャンペーンをおこないました。特に代表的なものは図表5-5の3つです。

　まず、イギリス中にあるセインズベリーの店員にパラリンピックの普及をおこないました。その結果、店員はパラリンピックの応援サポーターにな

図表5-5 セインズベリーによるパラリンピックの普及戦略

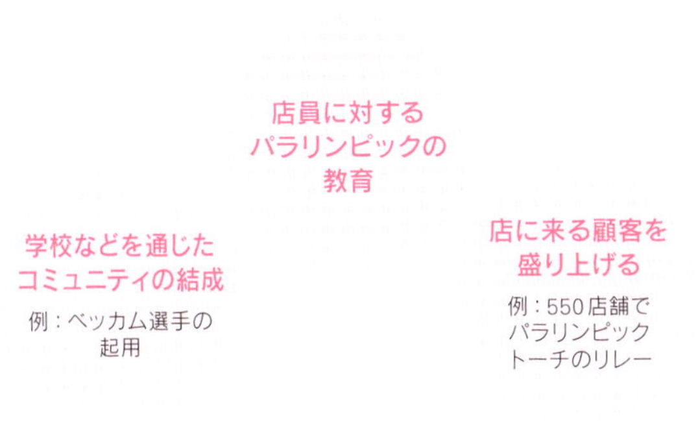

店員に対する
パラリンピックの
教育

学校などを通じた
コミュニティの結成
例：ベッカム選手の
起用

店に来る顧客を
盛り上げる

例：550店舗で
パラリンピック
トーチのリレー

り、観客として5000人の店員がパラリンピックに訪れました。

　そして学校を通じた普及です。セインズベリーは一連のキャンペーンに
サッカーのベッカム選手を積極的に活用しました。ベッカム選手が学校に訪
れ、障がい者スポーツを普及するとともに、ベッカム選手自身もブラインド
サッカーのような障がい者スポーツをおこなうことで世間に障がい者スポー
ツを認知させていきました。

　加えて、パラリンピックトーチリレーは、セインズベリー550店舗をまわ
り、利用客の100人がリレーに参加するという試みもおこない、店に来る顧
客を盛り上げました。

▶「チャンネル4」と「セインズベリー」が実現した3つのこと

　こうした取り組みにより、ロンドンパラリンピックは非常に注目度が高い
大会となり、冒頭で説明したように、これまでで最もチケット売上数が高い
大会となりました。図表5-6は2010年と2012年の9月下旬におけるロンド
ン市民の意識調査です。チャンネル4とセインズベリーの取り組みは、①パ
ラリンピックを有名にすること、②イギリス中に新しいスポーツとそのス
ポーツのスターがいることを示したこと、③障がい者の運動における夢とい
うものが広がったこと、の3点を達成したとされています。

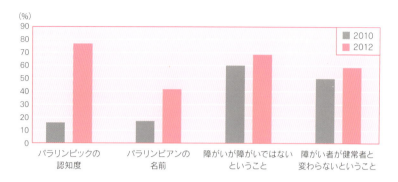

図表5-6 意識調査

(%)

- パラリンピックの認知度
- パラリンピアンの名前
- 障がいが障がいではないということ
- 障がい者が健常者と変わらないということ

凡例: 2010 / 2012

---

3 | 日本におけるメディアの取り組み

▶ソチ大会におけるスカパーの取り組み

　では日本のメディアの取り組みを見てみましょう。図表5-7は、スカパーが2014年のソチ大会でおこなった取り組みです。

　また、ソチ大会の年代別視聴率（図表5-8）からは若い世代を中心に多くの人に視聴されている事実が読み取れます。スカパーの会員数は約370万人です。全世代平均で加入者の4人に1人が視聴していたことから約94万人が視聴したといえます。

▶東京大会では誰もが無料で見られる環境を

　ただ課題はもちろん存在します。それはスカパーが有料チャンネルという点です。ロンドン大会での「チャンネル4」は地上波放送であるため、無料で多くの人がパラリンピックを見ることができました。2020年東京大会では誰もがパラリンピックを見られるような環境づくりもおこなわなければなりません。

　またパラリンピックをスポーツとして見る環境づくりも重要です。NHKで

図表5-7 2014年ソチ大会におけるスカパーの取り組み

- 日本初の24時間パラリンピック専門チャンネル開局
- 216時間（うち、61時間50分生中継）放送
- 5競技72種目全競技放送
- オンデマンドの独自展開
  SNSやアプリの活用、見逃したシーンの配信
- ソチスタジオから独自レポート

図表5-8 ソチ大会の年代別視聴率

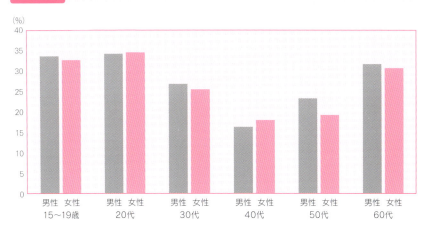

もパラリンピックがダイジェスト版で放送されていますが「ハートネット」という福祉の枠で放送されています。オリンピックと同様にスポーツ中継として放送がされることが強く求められます。

　このように2020年東京大会に向けて期待され、2012年ロンドン大会以上のインパクトを与えるためには越えなければならない壁があります。

▶日本では長野大会を契機に認知度が向上

　日本におけるパラリンピックの認知度は、1998年の長野大会を契機に急

激に上昇しました。それはパラリンピックを自国で開催したためです。第1章の図表1-7はパラリンピックに関する新聞記事数の推移をパラリンピック開催年ごとにみたものです。長野大会によって注目度が劇的に高まったことが理解できます。

　こうした動きによりパラリンピックの記事は社会面、つまり福祉関係を取り上げる欄に掲載されていたものが、スポーツ面に掲載されるようになり、「障がい者五輪」といった書き方から「パラリンピック」という言葉が使われるようになりました。

第 6 章

パラリンピックと
アクセシビリティ

1 日本の現状

▶「アクセシビリティ」と「バリアフリー」

　「アクセシビリティ」という言葉を初めて見る人は多いと思います。この言葉はパラリンピックにとって、非常に大きな意味を持っています。これと似た言葉に「バリアフリー」という言葉もありますが、いったいどういう意味なのでしょうか。「アクセス」という言葉には、「交通を利用して目的地にたどり着く」という意味や、「情報にたどり着く」という意味もあります。一方の「アビリティ」には「できる」という意味がありますので、それを合わせて「アクセス可能な」という意味を表しているのがアクセシビリティだということができます。今まさに、このアクセシビリティを実現することが重要であると、一般的には認識されています。

　2020年の東京大会開催が決まりましたが、この年までにバリアフリー100%を目指している（図表6-1）ことも、アクセシビリティを実現する1つの方向性だと思っています。

▶法的なインフラの整備の現状

　法律に関しては、ハートビル法（1994年）、交通バリアフリー法（2000年）が

図表6-1 日本のバリアフリーの現状

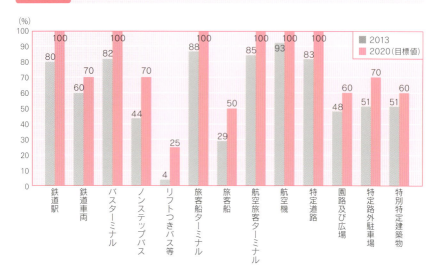

制定され、2006年にバリアフリー法施行に伴い上記2法は廃止されました。

　また近年では、障害者差別解消法が2016年4月1日から施行されるなど、誰もが豊かに生きるための権利として、バリアフリーやアクセシビリティを充実させるための法整備は着実に進んでいます。こういう流れを見てみても、「社会インフラを整えることは、社会の責任である」という認識が、国や地方自治体を中心に広まってきているのが現状だといえるでしょう。

2　障がいを乗り越える概念を学ぶ

▶「障がい」とは何か

　では、「障がい」というものは、そもそもどういうふうにとらえられるべきものなのでしょうか。たとえば、車いすの人が買い物に出かけたとします。そして、入ろうとしたお店に段差があり、車いすではなかに入れなかっ

図表6-2 障がいを乗り越える4つの概念

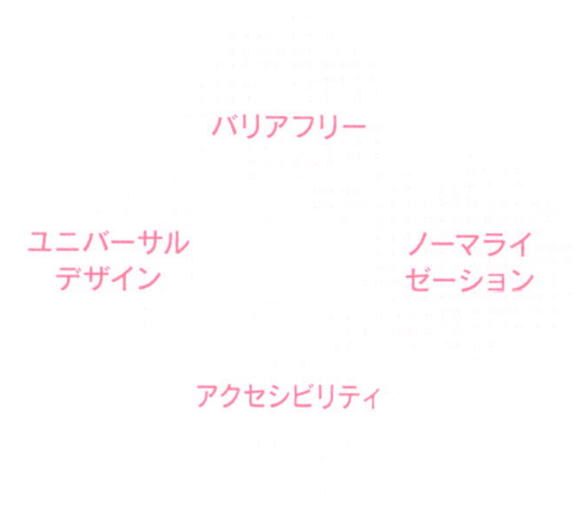

バリアフリー

ユニバーサル　　　　　　　　　ノーマライ
デザイン　　　　　　　　　　　ゼーション

アクセシビリティ

たとします。このとき、何が「障がい」だといえるのでしょうか。車いすの方の障がいを負った足が「障がい」なのでしょうか。それとも、店の前の段差が「障がい」なのでしょうか。

もしも「段差が障がいだ」という認識に立つことができれば、スロープをつけることで障がいを取り除くことができ、この人もスムーズに入店できることになります。

このようなアクセシビリティを配慮したバリアフリーが実現すれば、障がいを感じることなく豊かな生活を享受することができるのです。そういう視点に立つことによって、社会をより良く変えられるのではないかと考えています。

▶ユニバーサルデザイン──障がいを乗り越える概念①

図表6-2に、いくつか類似する用語を列挙しました。

まずユニバーサルデザインですが、皆さんはこの言葉を耳にしたことはあるでしょうか。たとえば、シャンプーやリンスのボトルは、形が同じで触っただけでは区別がつきませんが、最近では、ギザギザや突起物によって区別するデザインが施されており、触るだけでわかるようになっています。

▶写真6-1 ユニバーサルデザインのドラム式洗濯機

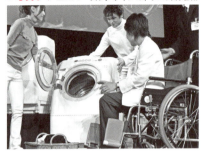

©AFP PHOTO/YOSHIKAZU TSUNO

▶写真6-2 ユニバーサルデザインの自動車

©AFP PHOTO/TOSHIFUMI KITAMURA

このユニバーサルデザインは、障がい者のためだけにあるものではなく、子どもや高齢者、外国人など、すべての人たちにとって、ユーザーフレンドリーでやさしいデザインであるといえるでしょう。

ユニバーサルデザインの例としては、たとえばドラム式の洗濯機（写真6-1）や自動車（写真6-2）のケースがあげられます。

洗濯機の場合、上からしか洗濯物を入れられないと、車いすの方だと手が届かなかったり、あるいはなかがのぞき込めなかったりします。また、入れるところまではできたとしても、洗濯後にそれを取り出すことができません。しかし、ドラム式洗濯機のように、斜めドラムの形状で洗濯物の出し入れも簡単にできるモデルだと、車いすの人をはじめ、多くの人たちにとって使いやすいものだといえるでしょう。これは本当に目からうろこの発明だと思われます。

東京大会における選手村でも、ユニバーサルデザインに配慮した家電機器が設置されることだろうと思います。

一方の自動車は、乗降がしやすいタイプが開発されているほか、車いすの方々のために腕でアクセルとブレーキをかけるレバー式タイプの機種も開発されています。また、両手がない方のために、足でハンドル操作できるなど、さまざまなニーズに対応した開発も進んでいます。

▶ ノーマライゼーション── 障がいを乗り越える概念②

　ノーマライゼーションという言葉は、「誰もがノーマルな存在である」という発想からできた言葉で、デンマークや北欧などから広まりました。これまでは、障がいがあると特別視されたり、「障がい者は普通ではない」と思われがちでしたが、「障がい者はノーマルなんだ」「障がい者と共生する社会こそがノーマルな社会なんだ」という視点に立つことによって、より良い生活や社会の実現に近づくのではないでしょうか。

　「自分が優れている」「自分が劣っている」などの発想ではなく、私たちの命が何よりも尊いものだということを気づかせてくれる素晴らしい考えではないかと、私は思っています。

▶ バリアフリー── 障がいを乗り越える概念③

　「バリアフリー」とは、「バリア」を「フリー」にする、つまり、「障壁」を「除去」することだといえます。

　実際の例で考えてみましょう。鉄道においてバリアフリーとは何でしょうか。たとえば、改札口からホームに上がるためのエレベーターはバリアフリーです。あるいは、ホームと電車の間に段差がない、転落防止用のホームドアが設置されていることなどもバリアフリーといえるでしょう。

　鉄道については、段差解消率は83％だとされていますが、これを先ほど申し上げたように、2020年には100％に引き上げていきたいという大きな目標を持っています。

　また、施設におけるバリアフリーを考えた場合、エントランスに階段とスロープという2種類のアプローチが確保されている、案内のための誘導ブロックが設置されている、あるいは点字ブロックが敷設されていることなどがバリアフリーに当たります。また、エレベーター内には、車いすの人でも押せるような低い位置にもボタンが設置されている、何階に着いたかの音声メッセージも流されることなどもバリアフリーといえるでしょう。

3 2020年に向けたインフラの整備

▶誰もが楽しめる新国立競技場の建設

新国立競技場のバリアフリー化については、下記の項目を実現することを目指しています。

- ・主要な移動経路は可能なかぎり段差のない導線
- ・点字ブロック等の視覚障がい者用ルート
- ・介助つきの車いす席 (120組)
- ・多目的トイレ
- ・各階の移動にエスカレーター及びエレベーター

ただ、車いす席を確保する際に、今までのアリーナなどのスポーツ施設やホールなどもそうですが、ある一部の場所に集中させてしまう傾向がありました。

しかし、ロンドンパラリンピックの際に集計されたデータ等から明らかになったことは、障がいのある方が試合を観戦しに行くとき、健常者の友人と行くことが、障がい者の友人同士で行くよりも多いということです。

そうした場合、車いす席が集中していると、そこには一般席はありませんので、健常者の友人と一緒に観戦することができなくなってしまいます。これでは、障がい者がスポーツ観戦を楽しめる環境ではありません。

したがって、誰もが楽しめるスペースを用意するという視点こそが、新国立競技場を建設する際に重要になってくるということです。

▶ICTがバリアフリーを実現する

先ほど、「アクセシビリティには、情報に対するアクセス要素も含まれている」と述べました。この観点から考えると、これからはインターネットも含めたICT（Information and Communication Technology）の活用がますます大き

図表6-3 ICT化を活用した行動支援

位置特定技術	サービス利用端末
GPS　Wi-Fi ICタグ	スマートフォン タブレット
ソフトウェアアプリ	各種情報データ
経路検索用 プログラム	歩行空間ネットワークデータ 施設データ 地図データ

歩行者のニーズや属性に応じた施設や経路等の情報を提供

なテーマになってくると思われます（図表6-3）。

　ICTの技術革新は日進月歩の勢いを見せています。たとえば視覚障がい者用に、GPS機能を使ったウォーキングナビゲーションのようなアプリケーションが開発されたり、あるいは見えているものを読ませることができるアプリケーションが開発されたりと、テクノロジーによってさまざまな問題が解決できるようになりました。

　このほかにも、人が作り上げた情報を蓄積することで、目的地に着くまで言葉のナビゲーションで誘導するウェブサイトも公開されており、これまで実現できなかった新しい支援ツールが身の回りに数多く存在しています。

　今後2020年までには、ウェアラブルの機器等が開発されることにより、もっと便利な環境が生まれ、生活の質を向上させてくれるのではないでしょうか。そうした情報提供やアドバイスにも、私たちは取り組んでいきたいと思っています。

Part 2

選手たちは語る

第 **7** 章

水泳から考える
パラリンピックの変遷

Paralympic Games

河合純一（かわい・じゅんいち）

Summary

● 本章では、水泳について学びます。河合純一氏の経験をたどるなかから、競技の概要やその歴史の変遷を学ぶと同時に、今後の課題についても考えてみたいと思います。

1 水泳という競技を理解する

▶5歳から始めた水泳

　本章では、水泳の話を中心にしながら、私が出場してきたパラリンピックの大会を中心に、どんな思いで参加してきたのかをお伝えしたいと思います。

　私が水泳を始めたのは5歳のときでした。その後、目が見えなくなったのは15歳の中学生のときですが、水泳はそのまま続けてきました。

　高校は東京の筑波大学付属盲学校に入学し、その後早稲田大学教育学部に進学しました。

　ちょうど高校生の頃にバルセロナパラリンピックがあり、早稲田大学の3

年生のときにアトランタパラリンピックがありました。

　そして卒業後は、出身地の静岡県で中学校の教員を10年ほどしていました。その間にもシドニーパラリンピックへ参加したり、休職して早稲田大学の大学院に2年間通っているときにアテネパラリンピックに出場したりしました。

　その後、静岡県教育委員会に転属になり、その間北京パラリンピックに参加するなど、さまざまな経験をさせていただいてきました。

　現在は、2016年のリオデジャネイロ大会、2020年の東京大会で、日本がメダルを1つでも多く取るためのお手伝いをしています。

▶ 水泳には28個もの金メダルがある

　一言で競泳といっても、さまざまな種目があります。Part1にも出てきましたが、オリンピックの金メダルが約300個ある一方、パラリンピックには、約500個もの金メダルがあるのです。その約500個のうちの140個ほどが水泳競技に属しています。ちなみに、陸上競技には170個もの金メダルがあるので、合わせて300個以上がこの2つの競技に属していることになります。

　これもPart 1で学んだことですが、パラリンピックに出場できるのは、視覚障がい者と肢体不自由者、それに一部の知的障がい者です。障がいの程度に応じてクラス分けがおこなわれており、水泳の場合はS1〜14まであります。これに、男女別が加わりますので、たとえば50m自由形だけを考えてみても、28個の金メダルが存在することになるのです。これが水泳の1つの特徴です。

　もっと細かく障がいを分けることはできますが、そうすると、同じ障がいの人を探すのがなかなか難しく、競い合うという競技性が低下してしまいます。そうなると、スポーツとしての魅力が乏しくなり、見たいと思う人も減ってしまうことになります。そのため、ここ20年くらいは14のカテゴリーで安定した状態が続いています。ただし、14カテゴリーの境目をどうするか、という微調整は数年ごとにおこなわれているのが現状です。

▶タッパーの役割

S11の全盲のクラスでは光を通さないゴーグルを着用することが義務づけられています。選手たちはスタート前に入水しますが、コーチが台まで連れていくことは認めています。

選手は、スタートした後は、ストロークの回数を数えながら泳ぎます。そしてターンやゴールのときには必ず、タッパー（選手の頭部や背中を、タッピング棒で叩いてターンのタイミングやゴールを合図する人）が安全のために、その場所を知らせることがルールになっています。

S11クラスの例でいうと、ここにエントリーする選手は全盲ですので、タッパーがいないと壁にぶつかる危険性があります。スピードが出ているので、壁にぶつかると怪我をしてしまうのです。ですから、安全のためにもタッパーが必要なのです。

そして、タッパーが空振りをして叩けない場合は、その時点で失格になるとルールで規定されています。そのようにしっかりと、安全に配慮しています。

▶写真7-1 タッピング棒

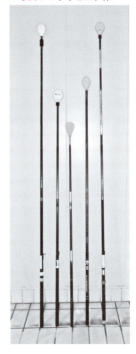

ちなみにタッピング棒（写真7-1）は、日本ではカーボン製の釣り竿を使い、その先端にウレタン素材のボール状のものをつけて使用しています。

自由形や背泳ぎは、普通は選手の頭が水面から出てますので叩きやすいのですが、平泳ぎやバタフライは、沈んだり上がったりするので非常に叩きにくいです。また、ワンストロークずれると距離も出てしまうので、叩き方に工夫が必要となってきます。ボール状のウレタンには浮力があり、叩きづらいので、日本では先端をしゃもじ型に形を変えて、少々頭が水面下に潜っていても叩けるような工夫をしています。

▶障がいによって違うスタートの方法

スタートの際は、普通に飛び込み台の上からスタートする人もいますが、障がいによってはスタートの方法がかぎられてしまう選手もいます。

たとえば、飛び込み台の上に座って、そこから飛び込む人もいます。ただ、飛び込み台は滑らないようにザラザラしており、そのままでは怪我をしてしまうので、タオルを敷いてスタートする選手もいます。

あるいは、飛び込み台からスタートできない選手は、背泳ぎ用の棒をつかんでスタートしたり、プールの壁に足をくっつけた形にしてスタートする「フットスタート」という方法もあります。

ルールとしては、スタート時には、スターティンググリップをつかまなければならないことになっています。ただし、手が欠損している場合は例外規定ということで、スターティンググリップにタオルや紐を括りつけてそれをくわえたり、体の一部につけてスタートすることもあります。

基本的に水泳は、あくまで国際水泳連盟のルールに則って競技されていますが、上記のような除外規定もあり、ルールを弾力的に運用してプレーされているわけです。

2 ┊ 私の経歴

▶高校2年生でバルセロナ大会に参加

冒頭で少しお話しましたが、私の経歴についても触れてみたいと思います。

私は、ぶどう膜欠損症という障がいで失明してしまいました。このぶどう膜欠損症というのは、網膜のなかのぶどう膜という器官が、傷ついている、あるいは弱まることで視力が低下してしまう障がいです。15歳で失明してしまうのですが、その2年後の高校2年生のときに、バルセロナパラリンピックに出場しました。失明前の中学生のときにも水泳はしていたのです

が、当時の水準でいうと、県大会で決勝に出場できるぐらいのレベルでした。1988年のソウル大会のときはまだ中学1年生でしたが、そのときはまだ目が見えており、パラリンピックをニュースで見たことは覚えています。その4年後のバルセロナで、自分が同じ舞台に立っているという非常に不思議な感覚を持ちました。

　ただ、当時はインターネットなどもない時代だったので、どうすればパラリンピックに出場できるのか、調べるのには苦労しました。

▶早稲田大学時代にシドニー大会へ参加

　その後、早稲田大学教育学部に入学して、大学3年生のときにはアトランタ大会に参加しました。卒業後、中学校の教員をしながらシドニー大会に出場することになったのは、冒頭でもお話しました。

　25歳のとき、シドニー大会で日本選手団のキャプテンをやらせていただきましたが、これは自分にとっては大きな経験で、今、私が会長を務めている一般社団法人日本パラリンピアンズ協会において、選手がどうすればいろいろな活動をできるのかを考えるきっかけにもなりました。

　この経験がなければ、「自分は水泳のことだけがんばればいい」と考えていたと思います。しかしキャプテンになると、マスコミの記者から質問されることも多いのですが、水泳のことしか知らなければさまざまな質問に答えることはできません。そういうときのためにも、競技横断的なネットワークを作り、いろいろな情報交換を活性化させることが重要なのだと思いました。

▶教員から大学院へ、そしてアテネ大会、ロンドン大会

　その後、早稲田大学大学院に進学している29歳のときに、アテネ大会に出場しました。このあたりになると、世界のレベルが格段にアップしてきていて、仕事とトレーニングを両立させることが、時間的にも体力的にも非常

に厳しくなってきました。

　そこで、自分のキャリアアップと、パフォーマンスを高めるためのトレーニング環境の整備のことを考え、早稲田大学大学院に入学するという決断をしました。当然、教員の仕事をしていたので、職場の校長や教育委員会に相談をし、1年半ぐらい準備をして、大学院に入学を果たしました。それでアテネ大会へのステップを踏むことができました。

　その後、2008年に北京大会、2012年にはロンドン大会にも出場することとなります。

▶パラリンピアンズ協会の発足とその役割

　一方で、日本パラリンピアンズ協会が2003年に発足することになるのですが、私は発足以来役員を務めており、2010年以降は会長に就任しています。

　現在では、約190名の選手が協会に所属しており、さまざまな交流を通じて、社会貢献できるような活動をおこなっています。

　日本が初めてパラリンピックに参加したのは、1964年におこなわれた第2回国際ストーク・マンデビル大会ですが、ここを起点に数えると、約1500人の選手を輩出してきました。その1〜2割くらいが、現在日本にいる選手の数だといえます。ソチ大会ではすべての選手が日本パラリンピアンズ協会に加盟したのをはじめ、近年の大会ではほぼ8〜9割が協会に加盟して活動していただいています。

　日本パラリンピアンズ協会は、選手が自主的に組織を作っているという、世界に類のない日本独自の団体だということができます。海外では、各国パラリンピック委員会（NPC：National Paralympic Committee）のなかに「アスリート・コミッション」、あるいは「アスリート・カウンシル」と呼ばれる選手委員会があり、選手はそこに所属して意見を述べる形式をとっています。

　なぜ日本がこの形式を採用していないかというと、以前の日本にはNPCのような組織がなく、選手の意見をしっかりと集めて届けていく組織の必要

性が2000年以降高まったからでした。それを受けて2003年に発起人10名で立ち上げたのが日本パラリンピアンズ協会です。

　こうした団体ができるまでは、オリンピックとパラリンピックの報奨金の額も大きく違っていましたし、合宿費用や遠征費用など、選手を強化するうえで必要な財源なども捻出するのに苦労していました。

　それで北京大会の前に、このような選手強化に必要な年間資金を定量的に調査してみました。その結果、選手個人の負担が年間で110万円ほどもあることが明らかになったのです。このことが報道され、「選手がこんなに個人負担をしなければならないのはおかしい」という世論が巻き起こり、国からの強化費の増額へつながっていきました。

3 | それぞれのパラリンピックをたどる

▶世界と日本とのギャップに衝撃を受ける ── バルセロナパラリンピック

　1992年のバルセロナ大会は、私が初めて参加した世界大会でした。非常に思い入れのある大会ですが、まず驚いたのは、競技を見る観客が大勢いたことです。

　当時、日本でおこなわれていた障がい者の水泳大会では、観客はほとんどいませんでした。それが、バルセロナでは満員なのです。このギャップに良い衝撃を受けました。「日本でもこうなったらいいのに」とそのとき強く思いました。

　また、レースの当日には、その模様がテレビで放映されたほか、翌日の新聞でもそのことが報道されたようで、このことにも驚き、「こうしたことが普通におこなわれるようになってほしい」と17歳ながら感じました。この経験が、現在活動を続けている私の原点になったと思います。

　このときの成績ですが、銀メダルと銅メダルを獲得しましたが、金メダルには届きませんでした。それがたいへん悔しくて、唯一受けた取材では、

「バルセロナに忘れ物をしてきた」という言葉を残しました。ただ、この思いが、4年後のアトランタ大会に参加し、金メダルを取りに行くという次の目標を明確にしたと思っています。

▶早稲田大学水泳部の仲間と共通の目標に向かって──アトランタ大会

　アトランタ大会に向けての時期は、前述のように金メダル獲得の目標を掲げてトレーニングに励む一方で、「教師になりたい」というもう1つの夢をかなえるために、早稲田大学に進学することになります。

　その当時、点字で試験を受けることに苦労していたのに加え、杖をついて1人で歩くことがまったくできずにたいへんな思いをしていました。したがって、教養課程と専門課程でキャンパスが分かれる大学では迷子になってしまうので、1年生から4年生まで都会の同じキャンパスで生活できる大学を探そうと思い、ほかにも理由はありましたが、早稲田大学を志望しました。

　早稲田大学入学後は、東西線の早稲田駅の近くに住むことになりましたので、毎日徒歩で大学に通っては授業を受け、空いている時間には、文学部キャンパス内にある高石記念プールでトレーニングを積んでいました。

　「アトランタ大会で金メダルを取りたい」という強い思いで練習に励んでいるなか、大学1年生のときに世界選手権がおこなわれたので、授業を休んで参加したところ、金メダルを獲得することができました（写真7-2）。

　当時、障がい者スポーツはメディアにまったく注目されていなかったので、当然報道は一切ありません。それで帰国後、教育学部の学部長に報告に行ったところ、「なぜ金メダルをとったことが報道されないのだ」とお聞きになるので、私は「マスコミの方が書く気がないからじゃないですか」と答えましたが、それがきっかけになり、学部長が掛け合ってくれて、『朝日新聞』で記事にしていただくこととなりました。

　その学部長は、水泳部の部長もされていたので、「せっかく世界選手権で金メダルを取ったのだから、早稲田大学としてもお手伝いしたい」という話

になり、それから所沢キャンパスの水泳部で活動できるようになりました。それ以後、早稲田大学の水泳部と一緒に練習をして、アトランタ大会の金メダルを目指すという共通の目標のもと、夏の合宿や海外遠征も一緒に行ってがんばりました。

このように練習を一緒にさせてもらったおかげで、アトランタ大会でも目標にしていた金メダルに手が届いたのだと今でも思っています。

▶写真7-2 シドニー大会50 m自由形で金メダル獲得の河合純一選手

（2000年10月28日、共同通信社提供）

▶教え子たちに背中を押してもらう──シドニー大会

　私は、早稲田大学を卒業した後に、教員採用試験を受験してこれに合格しました。そして、静岡県にある中学校の教員となりました。

　1997年の当時、日本では点字で教員採用試験を受験をして採用された人は1人もいないという状況でした。そういうなかで、「私が教壇に立って生徒に何かを伝えたいと思うことには、きっと何か意味があるだろう」と思っていましたし、「自分だからこそ教えられるものがある」と信じて教壇に立とうと思っていました。そういう私の思いをご理解をいただいたからこそ、静岡県の教員に採用してもらえたと思っています。

　中学校の教員になった約2年半後の2000年に、シドニー大会を迎えることになりますが、「教師の仕事もたいへんだしどうしようかな」と悩んでいるとき、生徒たちから「先生は何でシドニーに行かないの？　がんばってみたら？」という温かい言葉をもらい、「自分はシドニーを目指してもいいんだ」という気持ちになりました。

　私はアトランタ大会で金メダルを取った瞬間、「最高に嬉しい」という気持ちになりましたが、それ以上に、感謝の気持ちがわき上がったのを覚えて

います。そして、「金メダルを取らせてくれたコーチや、家族、仲間の存在があってはじめてスポーツができるんだ」ということに気づいたからこそ、「これらの人がいるかぎり自分はやり続けてもいいんだ」と思うようになりました。

　そして、シドニー大会への参加についても、教え子の中学生たちが、「この子たちのためにも自分は泳いでいいんじゃないか」「苦しくても、喜んでくれる人たちの数が増えればそれだけがんばれる気持ちも増えるんじゃないか」と私の気づきを促し、背中を押してくれたように思っています。

　結果として、シドニー大会では、2つの金メダルと3つの銀メダルを獲得することができました。

▶50m自由形で3連覇を達成──アテネ大会

　先にも述べましたようにアテネ大会は、早稲田大学大学院に再入学している間に参加しました。教員を休職して勉強中の身でしたので、本当に悩みながらの出場でした。しかし、「金メダルを取ると決めた以上、がんばるんだ」という思いで乗り切った4年間でしたし、そのための万全の態勢は作りました。

　「万全の態勢」とはどういうものだったかというと、たとえば水泳のコーチとは別に、筋力トレーニングを見てくれるコーチや、疲労を取るためのマッサージ・トレーナー、あるいは栄養面における食事の管理をしてくださる管理栄養士などにサポートいただきながら、自分の体を作っていきました。今で言う「医科学マルチサポート」のようなことを、個人ベースでおこない、何とか大会を乗り切ることができました。結果としては、50m自由形で3連覇を達成することができました。

　余談になりますが、アテネ大会ではなかなか勝てずに苦労しましたが、金メダルを取った最終日に、今の妻となる恋人が、アテネに応援に来てくれました。そのおかけでがんばれたこともあり、金メダルを獲得できました。

▶仕事との両立が大きな課題に──北京大会

　北京大会へ向かう時期は、大学院を修了して、静岡県教育委員会に在籍していたので、仕事との両立が本当にたいへんでした。アテネ大会で3連覇も果たせたので、自分のなかでは、やる気が萎えていたのかもしれません。

　当時、ナショナルトレーニングセンターが、オリンピック選手は使えるのにパラリンピック選手は使えないなどの矛盾が多いなかで、パラリンピック選手が発言できる場所は非常にかぎられていました。少なくとも、レースで活躍した選手にマイクを向けられることはありましたが、そうでない選手や引退した選手が発言できる場はまったくありません。また、テレビでの解説者になりたくても、そもそもテレビで報道してもらえないので、そうした道もありません。結局、自分たちの思いを伝えていくには、自分が選手でい続けるしか方法はない、という結論に達しました。

　そう決めてからは、夜9時から11時まで毎日練習し、毎日5時半には家を出る生活を送っていました。ですから、肉体的・精神的には本当に厳しいチャレンジだったと思います。

　結果としては、50m自由形で銀メダルを獲得しましたが、目指していた4連覇は逃してしまいました。

▶2人の子どもが大きな励みに──ロンドン大会

　ロンドン大会は、結果としてメダルは取れませんでしたが、しかし「5大会連続でメダルを取った後、6大会連続でメダルにチャレンジできるのは自分しかいない」という思いをはじめ、いろいろな思いを持って参加させていただきました。

　やはり、パラリンピック発祥の地であるイギリスで開催された大会に出場できたことは、自分にとっては重要なことでした。また結婚後、2010年に長男が、2012年に長女が生まれ、「私自身も頑張らなければいけない」という気持ちも含めて、このロンドン大会を目指したという経緯もありました。

4 | 発想を転換すれば社会は変わる

▶負の現実をどう変えていくか

　パラリンピックの選手をやっていこうと思ったとき、練習場所や資金、あるいは指導者の問題も大きな課題として残っています。実際に障がいのある人が、お金を払ってスポーツクラブに入会しようと思っても、断られてしまうケースが日本ではまだまだある、というのが現状です。これから法律も整備され、オリンピック／パラリンピック教育も進んでいくことが予想されますが、こうした負の現実があることを私たちは忘れてはいけません。

　一方で、こうした現実から目をそむけることなく、いろいろな苦労を抱えながらもリオ大会を目指している選手たちがいるということを、皆さんには気づいていただければと思っています。

　少しずつですが環境は好転してます。全仏オープンで優勝したテニスの国枝慎吾さんをはじめ、プロ選手の活躍のおかげもあり、注目度も格段に向上しています。まだまだほかにも素晴らしい選手がたくさんいることを、社会に向けて発信していきたいと思っています。

▶「どうすればできるのか」を発想の原点に

　全盲の選手たちというのは、ただ「見えない」という障がいを負っているだけではなく、逆に見えないことによって得られるすぐれた感性や知覚を持っています。これらをどれぐらい生かせるか、ということが、スポーツだけでなく、生きていくうえで重要な要素になってきます。

　健常者では、「目が見えないと、字が書けないのでは？」「目が見えないと、泳げないのでは？」と思いこんでしまう人が多いと思います。しかし実際には、目が見えなくても書くことはできますし、泳ぐこともできます。ではなぜ「書けない」と皆さんが思いこんでしまうかというと、「目が見えな

い人はどういう字を書いていいかがイメージできない」と思っているからではないでしょうか。

　しかし、発想を転換すれば、いろいろなことが可能になってきます。上記のケースについて逆のいい方をすれば、「書く文字のイメージさえ描ければ文字は書ける」ということになるのです。ただ、見ることができないので、そこがハードルとなりますが、そこさえ補ってあげれば文字を書くことができるようになります。

　こうした考え方に至れれば、目の見えない人に対する指導法やアプローチの仕方が見えてくるのではないでしょうか。

▶教える側に必要な条件──可能性の扉を開くには？

　教える側は、「自分の教え方は正しい」「自分のことが理解できない人はダメだ」と往々にして考えがちですし、私も教師をしていてそう思ってしまった時期もありました。しかし、少し冷静に考えてみると、実は、もっと違う視点に立った覚え方や教え方があったであろうことは、容易に想像がつきます。

　たとえば、掛け算の「九九」を覚える際に、皆さんどうやって覚えますか？　「にさんがろく（二三が六）」「にしがはち（二四が八）」のように、聴覚的な言葉として覚えるタイプもいれば、数ごとのマトリックスで視覚的に覚えるケースもあるわけです。どちらで覚えようと問題はないわけで、その引き出しをいろいろと持っていることが優秀な指導者としての条件だといえるでしょう。

▶障がいを補えば何でもできる

　話を戻しますが、「見えない人が書くためにはどうすればいいか」を考える場合、文字を書く能力を「ペンを持つ力」「文字をイメージする能力」「イメージどおりに手を動かす能力」という3つの能力に分解するのがわかりやすいと思います。それで、どの能力が欠けているのかを把握して、それを補

えば、文字を書くことはできるわけです。目が見えない人の場合であれば、「文字をイメージする能力」を補ってあげれば文字を書くことはできるようになります。

つまり、「どうすればできるようになるのか」を考えることこそが、パラリンピックの原点にもなりますし、障がい者にとって生きやすい社会を作る第一歩になると思います。よく「障がいは不自由だ」「障がいは不便だ」ということをいわれますが、「障がい」＝「不幸なこと」ではない、ということに社会の誰もが気づけるかどうかが重要です。

「幸福か不幸か」を測定する物差しは、それぞれの人生観や価値観に裏づいたものであり、容易に判断できるものではありません。不幸に見えても幸福な人もいるはずだし、一見幸福そうな条件を備えている人が、実は不幸だったりすることもあるわけです。

不自由なものや不便なものがあったとしても、社会は日々進化し発展してこれらのハードルを乗り越えようとしています。皆さんがパラリンピックを学ぶことで、こうした事実を理解するきっかけにしていただければと思っています。

---

5 ：世界選手権　グラスゴー

▶ロシアとウクライナの活躍

2015年7月13日から19日まで、イギリス・スコットランド、グラスゴーで障がい者水泳の世界選手権がおこなわれました。この大会の会場は14年にコモンウェルスゲームズという大会がおこなわれた場所と同じです。非常に泳ぎやすいプールです。結果は、ロシアが一番多くメダルを獲得しました。障がいも含めたクラス分けのある全部で142種目のうち、30個を超える数のメダルをロシアが取っています。同時にウクライナも20個を超えていますので、2カ国で50個以上のメダルを獲得しているのは驚くべきことです。

水泳の強豪国は、オリンピックでは基本的にはアメリカ、オーストラリア、次に日本という順位ですが、障がい者水泳の場合は、それとは、少し違う傾向にあります。

ロシアやウクライナが強い理由は、ウクライナの場合は、推測の域を越えませんが、チェルノブイリの事故の影響もあり、障がい者に対する、スポーツも含めた福祉政策が充実しているという点があげられると思います。ロシアはソチ大会がおこなわれたなかで、冬だけではなく夏の種目の強化も視野に入れているということが想定されます。

また、ウクライナやロシアの場合、メダルを取ると、選手1人について、1200万円くらいの報奨金が出ます。ソチ大会では、ロシアはプーチン大統領から運転手つきでベンツもプレゼントされていました。そういった強化の仕方は、ある意味特殊です。

▶失格の選手

ところで、この大会で、群を抜いて速かったウクライナの背泳ぎの選手（手首欠損、S7クラス）が失格になりました。その原因として、一番可能性が高いのはターンです。背泳ぎは、ターンの際、クロールの姿勢になっていいことになっていますが、だからといって、キックをしてはいけません。つまり、背泳ぎですので背中が見えてはいけないのですが、ターンのときだけ背中が見えている状態になってよいことになっています。しかし、その際に、バタ足をしたり、手でかいたりすることは基本的に禁止されています。それらに抵触したのではないでしょうか。

▶日本のメダリストとリオデジャネイロ大会への出場権

この大会で日本は、金メダル2個、銀メダル4個、銅メダル1個と、合計7つのメダルを取りました。このなかで、木村敬一選手は、金メダルを含めて4つのメダルを取りました。残りのメダルは別の3人の選手が1つずつ取り

ました。したがって、4人で7つのメダルを取ったことになります。これは、よかったと感じる点と、非常に厳しかった面の両面があるように思っています。

　今回、この結果に基づいて、日本にリオデジャネイロ大会の出場権が4つ与えられました。1、2位に入ると自動的に枠が与えられることになっていました。トータルのメダルの数ではなく、人の数に割り当てられますので、男子4という枠が決まったことになります。さらに障がい者の水泳連盟としては、金メダルを取った選手にはリオデジャネイロ大会への出場の内定を出すことに決定をしましたので、木村敬一選手は、水泳界でパラリンピックの水泳として日本代表内定第1号になりました。

　パラリンピックの出場枠の決め方について、もう少し具体的に説明しましょう。

　グラスゴーの大会には650名ほど参加しています。男子が380名ほど、女子が280名程度です。このうち、今回1位、2位に入った人数によって、まず、1次配分を決めます。8月の中旬には正式に発表され「あなたの国に何名を1次配分します」という通知が来ます。おそらく、ここで100名ぐらいは決まるのであろうと思います。そして、残りの500名ぐらいを、2014年の10月から2016年の1月31日までの間に、国際パラリンピック委員会（IPC：International Paralympic Committee）の公認大会で標準記録を切った選手の人数、リオ大会の標準記録を切った人数、あるいは、その切ったなかでも世界ランキングで上位8位以内に入った人数が多い国に対して、配分をします。比率の計算式があり、それに基づいて計算をします。2月の中旬に確定し、日本は男子12、女子7の合計19枠が確定しました。

　そして、この数字の通知が来たら、たとえば10名、15名と通知されたとき、これを全部使うかどうかの判断を国としてします。国によっては、「それほど必要ありません」といって枠を返す国もあります。その返された数字は、やはりいろいろな国に参加してほしいという気持ちもありますので、「バイパルタイト」というのですが、途上国の人々への枠となり、「どこそこの国の○○選手に1名割り当てます」というような割り振りになります。

このようにして、最終確定は4月〜5月になります。日本は2月の時点で、通知された人数を使うか使わないかの判断をし、3月に選考会をおこないます。ここで標準記録を突破した選手に対して、出場権を与えていくというスケジュールになっています。

　出場に期待を寄せる日本の選手を紹介しましょう。

　まずは、鈴木孝幸選手です。早稲田大学教育学部のOBです。この講義に木村潤平選手に来ていただきましたが、早稲田大学の水泳関係は、私も含めてこの鈴木選手と木村選手の3人です。鈴木君はIPC水泳世界選手権（グラスゴー大会）は銀メダルでしたが、北京大会では世界記録を出して金メダリストになっています。今回も予選では1位通過で、大会記録を塗り替えました。非常に有望な選手ですが、残念ながら今回の大会では決勝で思ったほどの記録は出ずに2位に甘んじたので、非常に悔しい思いをしているでしょう。したがって、リオデジャネイロ大会ではきっとやってくれると思います。

　次に木村敬一選手です。私と同じ全盲という視覚障がいを持っていますが、今は東京ガスに所属し、練習しています。グラスゴー大会では4つもメダルを取ってくれたので、日本のエースと言っても過言ではないと思います。

　ここで、木村敬一選手の100mバタフライを例に考えてみましょう。グラスゴー大会の最終日の種目で日本としては一番最後に出場したのが、木村選手でしたので、注目のレースでした。

　全盲のクラスのレベルは年々上がってきていて、上位5人は混戦でした。木村選手は最終的にウクライナの選手と競りますが、ラスト5mのタッピングで差が出ました。木村選手は見かけはウクライナの選手に負けていますが、実は100分の6秒差で勝っています。泳ぎだけなら負けていた可能性があるのですが、実はタッピングの技術が差をつけました。ウクライナの選手に対しておこなわれたタッピングは、2m前、3m前に叩くということにしていました。叩くと、人間ですからぶつかりたくないし、痛くないようにと思って、どうしても無意識にペースダウンをしてしまうものです。しかし木

村選手の場合は、逆にぎりぎりまで引き寄せて、「もうぶつかるかもしれない」というところで叩きました。この差が100分の6秒となって出てきたわけです。

　タッピングは競技のうえでたいへん重要な行為ですので、日頃の練習とコーチとの信頼関係を築くのが非常に大事です。

　ところで、この大会には知的障がいの選手も出場しています。種目としては4種目、男女合わせて8種目になりますので、140分の8程度です。身体障がいの選手と知的障がいの選手は、合宿などは一緒におこないますが、普段はそれぞれの地域で練習しています。今回の大会では田中康大選手が銀メダルを取ってくれましたので、そのような枠も取れました。

　以上が、グラスゴーの大会の報告です。

6 ┊ 質疑応答

学生A（教育学部4年） ▶ ロンドン大会は、パラリンピックのなかでも一番成功した大会だといわれています。その理由は何でしょうか。

河合 ▶ どの競技の決勝でも会場が超満員だったことを見れば、観客の注目度や動員数では大成功だったといえるでしょう。

　また国際的にも国内的にも、「障がい者へのイメージを大きく変えた」という意味でも大成功だったといわれています。

　民間と国が相互にできることを出し合い、効果を上げるための戦略をちゃんと構築できたことがロンドン大会での成功につながったと思っています。

学生B（社会科学部2年） ▶ 河合先生は、パラリンピアンとして社会に貢献するとおっしゃっておられましたが、具体的にパラリンピアンズ協会に所属するパラリンピアンとして、どのようなアプローチで社会に貢献しようとしているのでしょうか。

河合 ▶ 1つはパラリンピックをより多くの人たちに普及啓発することです。具体的には、講演会や体験教室の開催などをおこなったり、東日本大震災の

直後には募金活動などもおこないました。

　また、パラリンピアンが社会で役立つためには、スキルアップしたり知識を増やしていくことが必要になってきます。そのため、引退後も含めて、私たちがどうやってキャリアを作っていくかということも模索し、取り組んでいます。

　しかし、パラリンピアンとして一番の社会貢献というのは、やはりメダルを取るなどの結果を出すことだと思っています。それが、支援し応援してくださった方々への恩返しにもなりますし、仮に結果が出せなくても、その悔しさや素晴らしさを社会に向けて発信していくことが重要だと思っています。

学生C（スポーツ科学部2年）▶ 競技生活を続けてきたなかで、社会が変わったと感じることは何でしょうか。逆に、もっと改善してほしいところがあればお教えください。

河合▶ まず、メディアが変わってきたと感じています。私が最初にパラリンピックに出場した1992年の頃は、ほとんど報道されませんでした。また報道されたとしても、社会面での扱いで、スポーツとしては認識されていませんでした。「障がいを乗り越えてメダル獲得」などと書かれても、「障がいを乗り越えるってどういうこと？　視力が1.0になるということ？」とか皮肉にも思ってしまいます。メディアにはその程度の認識しかありませんでした。

　ただ、長野大会のあたりから、徐々に報道量が増えていき、シドニー大会の際は、日本選手団のキャプテンもしていたせいか、取材量がすごく増えました。ただ、私に1時間も取材をした記者が、最後に「それで河合さんの障がいって何ですか？」と聞いたとき、とても残念な気持ちになりました。私の障がいも知らずに取材をしていたのかと。

　さすがに最近では、メディア各社がパラリンピックの担当者を置いて学ぶようになってきているので、こうした事態は起こりませんが、しかし、まだまだ準備段階の域ではあると思います。

学生D（国際教養学部5年）▶ 日本のパラリンピックの選手の状況として、

ナショナルトレーニングセンターが使えるようになったりなど、環境の改善が進んでいると思いますが、逆にメダルの数が減ってきています。それはどういう理由からでしょうか。

河合 ▶ まず、理由は1つではないと思います。ただ、単純にいえることは、日本でいくらサポートが向上したとしても、他国もあることですから、メダルを取るためには相対評価が上がらなければなりません。

　世界には、スポーツ先進国と呼ばれている国々があり、スポーツを仕事としている選手も大勢います。場合によっては、若いうちから学校にも行かずに練習をしている国もあるほどです。

　ただ、個人的な意見としては、そういうのはちょっと違うんじゃないかと思っています。メダルを取るためのベスト・チョイスがある一方で、障がい者がより豊かにスポーツを楽しむことのできる環境を整備しようとした場合、アプローチは異なってくるだろうと思います。

　パラリンピックもスポーツですから、どうしてもメダルの話になりがちですが、皆さんにご留意いただきたいのは、その対極にある障がい者の権利や住みやすい環境のこともやはり視野に入れていただきたいということです。

第 **8** 章

選手の発掘・育成・強化

Paralympic Games

荒井秀樹 (あらい・ひでき)

Summary

● 本章では、パラノルディックスキーをケーススタディに、選手の発掘・育成・強化の具体的事例を学びます。また、選手の育成を下支えするサポート体制やインフラについても、その問題点や課題、ビジョンなどを解説していきます。

1 「失われたものを数えるな、残されたものを最大限に生かせ」

▶3つの仕事でパラリンピックを支える

　本章では、私の経験から、選手の発掘、育成、強化をどのように進めてきたかについてご紹介したいと思います。まず、自己紹介ですが、私は現在、日立グループのIT企業である日立ソリューションズで、パラリンピックを目指す実業団チーム「AURORA」の監督と、パラノルディックスキー日本代表チームの監督をしています。

▶ パラリンピックの理念を考える

皆さんは、オリンピックなら「参加することに意義がある」という言葉をご存知だと思いますが、パラリンピックには「失われたものを数えるな、残されたものを最大限に生かせ」という言葉があります。これは、パラリンピックの父といわれているルートヴィヒ・グットマン (Ludwig Guttman) 氏の言葉です。この言葉は、私にとってはたいへん印象深いもので、パラリンピックの選手たちと接するなかで日々感じているところです。

2 ┊ 長野パラリンピックに向けた選手の発掘・育成

最初に、2014年のソチパラリンピックで活躍した久保恒造選手について紹介します。

久保選手は、高校3年生の秋に、交通事故による脊髄損傷という障がいを受傷しました。リハビリの後、はじめは車いすマラソンなどに取り組んでいました。

私も北海道の出身なのでよく知っていますが、彼の出身地、美幌町はクロスカントリースキーのたいへん盛んな地域です。そこで、彼にシットスキーをやってもらいたいと思い、クロスカントリースキーへの勧誘を何度となく続けていました。

その結果、車いすマラソンからシットスキーに取り組むことになりました。日立ソリューションズの社員として彼を採用し、この6年間ともに頑張った結果として、ソチ大会ではメダルを取るという結果を出してくれました。

▶ 代表チームの設立

私が選手たちとどのように出会い、向き合い、そして強化を続けてきたの

かについてを解説していきたいと思います。

　私の経歴ですが、1998年に長野パラリンピックが開催されるということで、95年に「クロスカントリースキーチームのヘッドコーチをしてほしい」という話がありました。実際に話を聞いてみると、「まだ代表選手も決まっていない」ということでたいへん驚きました。それが95年の秋ですから、長野大会まであと2年ちょっとしかありませんでした。

　当時私は、東京都の特別区の職員でした。仕事をしながらクロスカントリースキーも続け、国体などの大会にも出場していました。また、東京都スキー連盟のコーチとして、中学生や高校生に、クロスカントリースキーを教えていました。そんな経緯もあり、「障がいのある方たちのパラリンピックも指導してもらえないだろうか」というお話をいただいたわけです。しかし、まだ代表選手が決まっていないということで、まず選手集めから始めることになりました。

　ただ、クロスカントリースキーの場合、始めて2年や3年で国際大会に出場できるレベルに達することはまず不可能です。厚生省が、都道府県を通じてパラリンピックへの出場希望者を募集した結果、56名の応募がありました。このなかから、代表選手を選出するために、1996年にスウェーデン・スンネで開催された世界大会へ長野大会の関係者とともに視察に行きました。

　長野大会は白馬や野沢温泉で競技が開かれるのですが、多くの関係者はパラリンピックや世界大会の競技運営に携わったこともありません。「1度の視察だけで本当にパラリンピックを開催できるのか」と、とても不安を覚えました。

　1998年の長野大会開催まであと2年間。選手と私たちは、そこに向けて強化トレーニングを積み、結果としてバイアスロンで金メダルと銀メダルを取ることができました。クロスカントリースキーも射撃も初めてで、まさに「奇跡の金メダル」でした。この2年間、どんなトレーニングをしてきたのかについては第4節で紹介したいと思います。

▶企業や国家のサポートが充実していた海外勢

　私は、クロスカントリースキーチームのヘッドコーチに就任しましたが、すべてがボランティアです。

　長野大会を終え、次のパラリンピックは2002年ソルトレイク大会です。この頃から海外の選手たちがユニフォームにいろいろなスポンサーのワッペンをつけて大会に参加するようになってきました。

　また、企業スポンサーからサポートされて、専業のプロ選手も現れ始めました。ずっと成績が低迷していたロシアやウクライナの選手たちも、国策として国が大きな予算をつけて強化に取り組むようになり、とても強くなっていました。

　私たちも、ソルトレイク大会では、長野大会以上のメダル獲得を目標に臨みましたが、こうした世界的背景もあり、残念ながら獲得したのは銅メダル1個に終わりました。

▶実業団チーム「AURORA」の設立

　私はこのときに、「日本独自の強化策を講じないと、このまま勝てなくなってしまう」という危機感を持ちました。それはなぜかというと、選手やコーチ、監督が、仕事をしながらのトレーニングは非常に限られたものであり、合宿や遠征に必要な強化費もほとんどないに等しかったからです。そうした状況を克服しないかぎり、勝つことはできないであろうと思ったからです。

　そこで私が考えたことは、日本特有の「企業スポーツ」というものを、うまくパラリンピックに導入することができないか、ということでした。こうした考えを受けて、日立ソリューションズが監督と選手3名を社員として採用して、2004年11月にスキー部を設立し、選手強化の環境を整えてくれることになりました。

　2006年トリノ大会では、日立ソリューションズの実業団チーム「AURORA」

の選手たちが、会社の後援のもと金・銀・銅メダルを獲得しました。

▶ 選手の所属を明記することが企業の支援につながる

「日本の選手も生活や活動の基盤をきちんと支援すれば、パラリンピックで勝つことができる」ことを、トリノ大会では証明することができました。

日本において、この時期はまだ選手の所属名が表記されない時代でした。私は、メディアの人たちに、「トリノ大会で選手たちの所属先を表記してほしい」とお願いしましたが、都道府県名でしか表記しません。たとえば、「新田佳浩（岡山県）」「久保恒造（北海道）」のような書き方です。

企業がパラリンピック選手を支援していることがわかれば、もっと応援の輪も広がるはずだと考えたからです。

2010年のバンクーバー大会の直前に、パラリンピックに出場するアルペンスキー、クロスカントリースキー、スレッジホッケー、車いすカーリングの監督が集まり、この所属名の表記問題を議論しました。その結果、企業名や学校名、あるいは都道府県のスポーツ協会名などを各自が選択できるようにして、基本的には所属名表記の方向でまとまりました。

バンクーバー大会からは所属名表記をメディアも取り入れました。

▶ パラリンピックでは利用できなかった「ジャパンハウス」

2014年の、ソチオリンピックの際に選手をサポートする「ジャパンハウス」（日本スポーツ振興センター〔JSC〕の活動拠点）がありましたが、ソチパラリンピックの際は、使用できませんでした。

他の国では、オリンピックでもパラリンピックでも、選手たちが各国のサポートセンターへ行ってケアを受けるような体制になっていたのです。現在では、パラリンピックも文部科学省の管轄になりましたので、パラリンピック選手もオリンピック選手と同様のサポートを受けられる環境になっていますが、当時は省庁の違いで受けることができなかったのです。

ジャパンハウスは、日本をより良く知ってもらうホスピタリティ的な機能と、日本チームをサポートするサポートハウス的な機能があります。2016年のリオデジャネイロ大会、2018年の平昌（ピョンチャン）大会では、さらに整備していく方針です。

▶長野大会を契機に変わった4つのこと

日本のパラリンピックは、長野大会を契機に下記のように大きく変わりました。

①パラリンピックのイメージがリハビリや福祉の延長から競技スポーツへ変わりました。それに付随して、メディアの扱いが社会面からスポーツ面に変わったことも大きな特徴です。

②障害者スポーツ基金が政府によって設立されました。

③パラリンピックとオリンピックのユニフォームが統一されました。それまでは、ユニフォームは別々でしたが、長野大会から統一され、同じユニフォームで入場行進や競技ができるようになりました。

④クロスカントリースキーもそうですが、長野大会以降、いろいろな競技スポーツの団体が設立されました。日本パラリンピック委員会も、長野大会が終わった後の1999年に設立されました。

▶オリンピック・パラリンピックのユニフォーム統一の経緯

ここで少し、ユニフォームが統一されるに至った経緯をご説明しましょう。実は、五輪ユニフォームのデザインは、日本オリンピック委員会（JOC：Japan Olympic Committee）がその使用許諾権を持っています。それに対し、日本身体障がい者スポーツ協会は、1995年4月に同一ユニフォームの使用許可の申し入れをしました。しかしJOCは6月に、「パラリンピックとオリンピックは組織が違う」「オリンピックユニフォームは、オリンピック選手団だけに許された栄光がある」という理由で、使用許可を認めませんでした。

世界の趨勢がユニフォームの統一に向かっているなかで、JOCの対応はこの流れに逆行するものでした。

しかし、このようなJOCの対応に対して、当時の首相であった橋本龍太郎氏が強く働きかけてくださったと聞いています。

長野オリンピックでは、選手のユニフォームは統一されましたが、スキー競技役員のユニフォームは別々でした。競技役員は、オリンピックもパラリンピックも兼務している人が多いなかで、オリンピックの2週間後に開かれたパラリンピックには違うユニフォームで参加しなければなりません。私はそのとき、「とても無駄が多いな」と実感しました。最近のオリンピック・パラリンピックのスキー競技役員のユニフォームは統一されている大会が多いようです。

3 選手発掘と育成・強化、そして環境の整備

▶長野大会に向けて代表選手を全国的に公募

次に、選手の発掘について説明しましょう。クロスカントリースキーの場合、長野大会の2年前である1996年の世界大会の際には、まだ日本の代表選手はいませんでした。

そこで、厚生省と各自治体を通じて選手を募集することになりました。全国規模で選手を発掘したのは、たぶんこれが最初で最後だと思います。その結果、全国から10〜60代にわたる56名の方の応募がありました (図表8-1)。

まずは体力測定や環境調査、面接をし、大阪、長野、東京、北海道に分けて約1年間かけて技術的なトレーニングや強化合宿などをおこない、最終的に8名の代表選手を選ぶことになりました。そのなかには、ワールドカップカナダ大会で優勝した長田弘幸選手、パラリンピック長野大会で金メダルを取った小林深雪選手などが含まれていました。

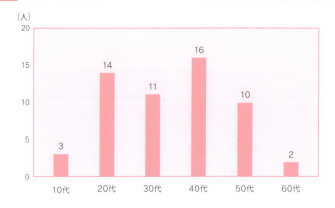

▶強化費をどう捻出するか

　代表選手は決まりましたが、大きな問題がいくつかありました。その1つが強化費用の不足です。オリンピックは年間5億円と予算が決まっていましたが、その当時の厚生省のパラリンピックの予算は全競技種目合わせて5000万円しかありません。このなかから割り当てられるクロスカントリースキー、バイアスロンの予算は限られていて、あとは寄付に頼るしかありませんでした。

　当時私は、特別区の総合スポーツセンターの所長をしていました。そこで、広く皆さんにパラリンピックを知ってもらうため、スポーツセンターのホールに選手を集めてトークショーを開催しました。「ユニフォームが自己負担」「強化費もなくて困っている」という体験談を選手一人ひとりに話してもらいました。そういう地道な取り組みをしていくなかで、その記事が新聞に載り、多くの方に現状を知ってもらうことができました。

　私は、こうした新聞の記事をコピーして企画書に添付し、スポンサーを集めるための企業回りに奔走しました。

▶ 低かったパラリンピックの知名度をどう向上させるか

　さらに大きな問題がありました。それは、パラリンピックの知名度が低く、入場券がほとんど売れていないことでした。当時の報道によれば、入場券の6〜7割は、小学校が購入したものでした。そして、結局は3割ほどが売れ残ってしまったわけです。

　当時組織委員会は、長野オリンピック組織委員会（NAOC）と長野パラリンピック組織委員（NAPOC）に分かれていましたが、どうしてもNAPOCの動きが弱かった印象があります。

　たとえば、NAPOCがパラリンピック用に作ったポスター（写真8-1）は「両手があっても人間です。両手がなくても人間です。」というものでした。このポスターに対しては大きな批判が巻き起こり、結局、世に出ることはありませんでした。

　選手たちは、パラリンピックを障がい者のための「福祉の延長」ではなく、「エリートスポーツ」として見てほしいと訴えました。そこで、「スポーツとしてのパラリンピック」をみんなに知ってもらおうということになり、ポスターを変更しました。

▶写真8-1 **長野パラリンピックのポスター**

　クロスカントリースキーは伝田寛選手、スレッジホッケーは加藤正選手、バイアスロンは本多剛選手、スレッジスピードは松江美季選手、そしてアルペンスキーは丸山直也選手という日本代表選手を前面に出したところ、これがたいへん好評でした。

　「スポーツとしてのパラリンピックを見てほしい」という選手たちの気持ちが前面に出て、パラリンピックの存在をアピールすることができたのです。

▶ 写真8-2　長野パラリンピック代表選手のポスター

▶「得意なところを伸ばす」トレーニング法

　選手とともに苦労をしながら、長野大会を迎え、結果としてバイアスロンで小林深雪選手が金メダルを、そして野沢英二選手もバイアスロンで銀メダルを獲得することができました。

　2年前までは、世界との実力の差が歴然としていたのに、なぜメダルが取れたのでしょうか。それは残された2年間で、自分が一番得意だとするところだけを何とか伸ばし、世界レベルに追いつこうという方針でトレーニングに励んだからです。

　小林選手は上腕、体幹がとても強かったので、押しだけは負けないようにダブルポールの練習を、伝田選手はもともとアルペンスキーをやっていたので、スキーがとても上手でした。そこで、ストックを持たせないで、スキーを滑るトレーニングを続けました。スキーだけでスケーティングする大会があったら、伝田選手は世界でも互角に戦えるくらいの実力がついていたはずです。「パラリンピックはストックを持たないでやるんですか」と聞かれるくらい、得意分野に特化したトレーニングを積みました。

▶長野大会以後

　長野大会でメダルを獲得したこともあり、パラリンピックのことを多くのメディアが一面やスポーツ面で取り上げてくれるようになりました。パラリンピッ

クに向ける社会の目が、どんどん変わっていくのを、私は肌で実感しました。

　そうなってくると、今度は私自身がパラリンピックに対して、何をするべきかという課題が見えてきました。当時私は、世界と戦うには、「この仕事を辞めてプロの指導者として取り組まないかぎり勝つことはできないな」と決心することとなります。

　しかし、長野大会後の日本社会は、次第に景気が悪くなっていき、障がい者スポーツの機関紙（『アクティブジャパン』、『パラリンピックマガジン』）なども休刊に追い込まれていく状況になりました。ここで障がい者スポーツは「冬の時代」を迎えることになります。

4 　発掘・育成・強化のケーススタディ──3選手の場合

▶ 初めてのシットスキーをどうマスターするか──長田弘幸選手のケース

　次にそういう状況のなかで、どのように選手たちを発掘・育成・強化していったかについてお話します。長田弘幸選手は、19歳のときに交通事故で脊髄損傷という障がいを負いました。下半身が麻痺しているため、バランスを保つのだけでも精一杯です。腹筋も背筋も使えず感覚もないので、両手で体を支えずに座っているだけでも素晴らしいことなのです。

　このような脊髄損傷の選手たちをどうサポートしていくのかが、私たちには難しい課題でした。長田選手は長野大会の際、シットスキーのトレーニング方法をノルウェーに行って学んできました。

　ノルウェーには、ハラール・グルダールというシットスキーの選手がいるのですが、長田選手は彼からトレーニング方法などを教えてもらいました。ただ1つ残念なことは、ハラール選手の障がいは軽度で、上体のバランスがとても良く、安定した座位でシットスキーに乗っていました。したがって、長田選手にとってはハラール選手とのトレーニングは十二分に効果を発揮するものではありませんでした。

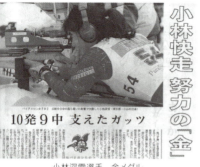

小林深雪選手、金メダル

野沢英二選手、銀メダル

(1998年3月7日付、信濃毎日新聞社提供)

▶写真8-4 長野パラリンピック時のシットスキー

障がいに合ったシットスキーではなかった

▶写真8-5 シットスキー

▶腹筋が使えない、では「内臓筋」を筋力として使う

　次に私たちが何をしたかというと、筋肉の仕組みについて調べました。いろいろと調べた結果、内臓には内臓筋というものがあり、鍛えればこの内臓筋を筋力として使えるようになることがわかりました。胃だとか腸だとかそういったところの筋力も使えるようになるわけです。

　そこで長田選手は、まずは胸から上の上腕を徹底的に鍛えようということで、懸垂のトレーニングを始めました。次第にバーベルの重さを重くして、負荷をかけるようにして鍛えていきました。

▶ 写真8-6 長田弘幸選手の筋電図調査

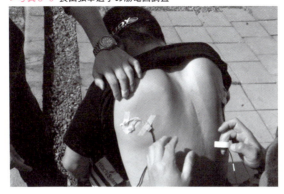

　一方で、彼の障がいに適したシットスキーを開発しました (写真8-5)。今、世界中のLW10という障がいの重いクラスでは、このシットスキーが原形になっています。このシットスキーだと、自分の足を腹部につけることによって、腹筋の代わりにしてバランスが保てます。これで前後に上体を動かしながら、スキーを滑走させることができるわけです。少しでも可能性があるところを伸ばしていく「残されたものを最大限に生かせ」の取り組みがパラリンピックの選手を強化するうえでは、とても大切です。

　長田選手の努力で、日本男子シットスキーとしては初めて、2004年のワールドカップカナダ大会で金メダルを取ることができました。そして、このことを契機に、2004年11月から実業団チームの創部に向けての取り組みを始めることになります。

▶ 執念で出会えた中学生選手──新田佳浩選手のケース

　次に、片腕切断の障がいを負っている新田佳浩選手についてお話したいと思います。彼は、実は厚生省を通じて選手を募集して集まった56名のメンバーのなかには入っていません。

　彼は3歳のときに、祖父が農耕具のコンバインを操作している際に、左手をそのなかに巻き込まれて、片腕を失ってしまいました。

ただ、彼のご両親は、「佳浩を障がい者として育ててしまうと、ずっと祖父母に負い目を感じさせてしまう。だから佳浩は障がい児としては育てない」ということを決め、育ててきたそうです。

　新田選手は、クロスカントリースキーの全国中学校大会に出場していましたが、健常者のなかで活躍していたために、パラリンピックに応募していませんでした。1996年にスウェーデン・スンネでおこなわれた障がい者スキー世界大会を視察した際に、全国中学校スキー技術代表をされた和田光三氏が、「そういえば、岐阜県の鈴蘭でおこなわれた全国中学校大会に片腕の中学生が出場してたぞ」と私に教えてくれました。

　私は日本に帰国した後、その片腕の中学生を探しました。全国大会に参加した選手名簿やリザルトをチェックしても、「片腕の中学生」はわかりませんでした。

　当時私は、ジュニアチームの強化部長を担当していたので、おおよそ北海道、東北、上信越、関東の選手のことは知っています。東日本には片腕の選手はいなかったので、たぶんその中学生は西日本の出身だろうと狙いを定めて探しました。

　スタート係の役員の方に聞いてみると、「片腕の中学生が確かにいたが、ゼッケン番号は覚えていない」と言われました。そのプログラムがあったので、ぱらぱらと見ていたら、なんとその後ろに各県の宿舎の一覧表があったのです。それで、私はその宿舎に電話してみました。何件か電話をしてみると、「うちに片腕の中学生が泊まりましたよ」という宿舎があり、そこは岡山県の中学生が泊まっていたところでした。

　「しめた」と思い、岡山県スキー連盟に電話したところ、「それは西粟倉中学校の新田佳浩君でしょう」とすぐに教えてくれました。西粟倉中学校に連絡してみると、スキー部顧問の春名先生が電話に出られて、「新田佳浩は元気にしていますよ。ただ残念なことに、彼はスキーを辞めてしまいました」と私に伝えてくれました。「中学3年生になると、高校の受験があるので、うちのスキー部員はみんな部活を辞めるんです。大会が1、2、3月に集中しているので、これに出場していたら受験どころじゃなくなってしまうので」

と。

「いや、それでも何とか本人に話をしたい」という思いを告げると、「じゃあ、私から家族の人に確認してみます」ということで、電話をしていただきました。それですぐにお会いできることになり、私は岡山に向かいました。

新田君のお父さんは農協にお勤めの方で、昼休みに近くの喫茶店でお話をすることができました。

私は、「佳浩君になんとしてもパラリンピックへ出場していただきたいのですが、いかがでしょうか」と切り出してみました。すると、お父さんは、「荒井さん、うちの息子は障がい者というふうに育ててないので、それはちょっと難しい」とおっしゃられました。

スウェーデンでおこなわれた世界大会のビデオや写真を見ていただきました。そして、「パラリンピックは、福祉やリハビリの延長のようにいわれていますが、実際はスポーツとしても非常にレベルの高い大会なんです。そういう大会に佳浩君にはぜひ参加したいただきたいと考えています」という気持ちをお伝えし、「資料を置いていくので佳浩君に見せてください」とお願いしました。

その後、新田君もご家族も資料を見てくださり、「パラリンピックめざして頑張ってみよう」というように変わっていき、1996年5月に新潟県妙高高原でおこなわれた合宿に参加してくれることになりました。

▶左腕の可動域を広げ左右バランスを整える訓練

その合宿で、彼と初めて食事をしたときに、左手を使わずにご飯を食べていることに気づきました。それに対して私は、「お茶碗を持てなくても、左手を添えるようにして食べなさい」とアドバイスしました。

なぜそういったかというと、クロスカントリースキーは左右のバランスがとても大切な競技なのです。しかし彼は、3歳で怪我をしたために、左側の肩の可動域や左側の肩の広背筋が劣っていました。競技をするには左右のバランスを良くすることが、重要になってきます。

写真8-8は、高校2年生のときに、秋田でおこなわれた国体に彼が岡山県代表として出場したときのものです。左手に注目してください。左手がほとんど振れていません。新田選手は、手も振れるように肉体の改造を図っていきました。

当時は、パラリンピック選手はナショナルトレーニングセンターを利用できなかったので、そこにいらっしゃるトレーナーや先生に来ていただき、いろいろとご指導いただくことにしま

▶写真8-7 新田佳浩選手と荒井秀樹ヘッドコーチ

した。まずはトレーニングメニューを作ってもらい、目標値を決めてそれに取り組みました。片腕でもバーベルを持ち上げられますし、上手くロープを使えば両腕を使うことも可能です。最初は左腕の可動域がほとんどなく、腕がよく回りませんでしたが、今は大きく回るようになり、左右のバランスが良いとても立派な体を作ることができました。

▶タイムに根差したトレーニング方法を確立

また、クロスカントリースキーには新記録というものがありません。タイムを競う競技なのですが、積雪の状態や自然の環境、あるいはコースの違いなどがあるために、タイム自体はあまり重視されません。しかし私は、タイムを重視したトレーニング方法を取り入れ、数値目標を達成するような形で練習に取り組みました。クロスカントリースキーの場合、タイムを重視したトレーニングは一般的ではなく、パラリンピックチームのみの取り組みだということができるでしょう。

可視化することでわかってきたことがいろいろありました。たとえば、選手各人のタイムデータを集計しておき、それを各国のトップアスリートと比

2009年新田佳浩選手のローラースキーフォーム

図表8-2 新田佳浩選手のトレーニングの推移

実施日	下半身筋力		上半紙（押し）筋力		上(引き)筋力評価	脚パワー	体幹・筋持久力
	スクワット		ハンマープレス		斜けんすい	垂直跳び	60秒腹筋
	負荷×回数	推定1RM	負荷×回数	推定1RM			
2008/5/28	140×5	160.0	40×1	40.0	14	54.0	64
2008/9/24	160×1	160.0	45×1	45.0	22	56.0	70
2009/5/12	140×5	160.0	45×1	45.0	25	56.0	68
2009/12/8	140×8	175.0	45×2	47.4	34	59.0	78

▶写真8-9 バンクーバーでの新田佳浩選手のフォーム

▶写真8-10 バンクーバーで金メダルの新田佳浩選手

較してみるのです。第1位のオレグというロシアの選手と新田選手を比較してみると、1kmあたりのタイムでは、オレグ選手が約2分48秒に対して、新田選手は2分52秒でした。約3%の違いです。これがわかると、具体的な数値目標がそこでできるわけです。つまり、「3%のタイムを改善すればトップの選手たちと同等に競える」というような目標値を立ててあげることができるわけです。これによって選手たちは目標がとても明確になったと思います。

▶写真8-11 小林深雪選手と小林卓司ガイドの引退レース

▶視覚障がい者のハンデをどう乗り越えるか──小林深雪選手のケース

　小林深雪選手は、長野大会の募集のときにエントリーした選手です。写真8-11は、世界選手権カナダ大会 (2004年) のときのものですが、視覚障がい者の選手の場合は、ナビゲート役のガイドがつきます。このガイドと選手との関係は重要です。

　小林選手は、1kmを3分10秒くらいで走ります。そのときにガイドは、

▶写真8-12 視覚障がい者のフォームの特徴

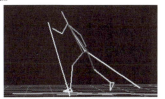

小林選手

ロシア選手

マラソンのようにロープで手を持ったり一緒に滑ることはできません。選手の10m前を声を出しながら誘導していくのです。クロスカントリースキーですから、当然コースにはアップダウンやカーブ、あるいは自然の木々もあるわけです。そうしたときに、選手はガイドの声だけを頼りに走ります。

またガイドは、試合当日に会場に来てガイドをするだけではなく、日頃から生活やトレーニングも一緒にやらなければ良いコンビは組めません。

また、視覚障がい者の選手にとって大きなハンデというのは、普段からのフォームにあります。それは、重心のバランスがどうしても後傾になることです。これをどのように改善していけば良いのかは、私たちの課題でした。

結局どのように取り組んだかというと、1つはオリンピック選手に実際にフォームを作ってもらい、小林選手がそのフォームを触ることでフォームのイメージをつかんでもらう取り組みをしました。

また、後傾の姿勢でも、ダブルポールでしっかりと押すことができれば、十二分にメダルを取る可能性は出てくると予想していましたし、「勝機はある」と確信していました。

河合先生、視覚障がいの人たちにこういう後傾がなぜ多いのかについて、コメントいただけますか。

河合▶私も視覚障がいですが、生まれつき目が不自由な子どもは、かけっこをすることなどが難しいわけです。なぜなら、見えないのに走り回ったら、ぶつかって怪我をしてしまうからです。こうしたことから、基本的な動作を体得することがとても難しく、そのため股関節や足首が硬かったり柔軟性が乏しくなってしまうわけです。そういうなかで、安全を確保するうえで、後傾姿勢を保ち、手探りで障がい物がないかを確認しながら歩いているのが日常なのです。それが日々積み重なることによって、後傾の姿勢になりやすいといえるでしょう。

▶視覚障がい者としての強みをどう生かすか

　一方、障がいにはデメリットばかりではなく、大きな特長もあります。小林選手の場合は、聴力に優れているということでした。したがって私は、小林選手に対しては、音を聞き分けてライフルを撃つバイアスロンの強化を進めていきました。

　1700Hzという音を聞き分けて、弾を的に命中させることができます。通常は直径2.6cmの的を射抜けば命中なのですが、彼女は1.4cmしかない10点圏を、5発全部射抜くことができるたいへん才能のある選手でした。これは短時間の練習でできることではなく、やはり日頃からずっとトレーニングを積んでいくことが重要です。

▶遅い走力を別の能力でフォローする

　また、バイアスロンのロングレースは、1発外すとペナルティが1分加算されてしまいます。ですから、走力でいくら頑張っても、射撃が当たらないと勝てません。あるいは撃つのに時間をかけてしまうと、どんどんタイムが悪くなってしまいます。世界レベルで見た場合、ライバルであるロシアのタチアナ選手の走力と比べてみると、小林選手はどうしても1km当たり5〜

10秒遅いタイムでした。それで私たちはどうしたかというと、射撃の命中率はトップレベルなので、今度は射撃タイムを短くしていくことを考えたわけです。そのために、彼女の一つひとつの動作に無駄な動きがないかを分析してみました。射撃が打ち終わるまでにおよそ25秒くらいかかります。これを23秒とか24秒に短縮できないかということに取り組んでみました。1秒縮められれば、射撃は4回ありますので、4秒も縮めることができるわけです。そうすると、走力で若干劣っていても勝つことができるのです。

　このような努力が結実して、小林選手は長野大会で金メダル、そしてトリノ大会でも金メダルを取ることができました。

▶ガイドと二人三脚で金メダルを受賞

　ここで重要なことは、メダルを受賞して表彰台に上がるとき、ガイドも一緒に上がります。先ほども述べましたが、ガイドは生活もトレーニングもともにし、競技中は一緒に走るわけです。これこそが、オリンピックにはなくて、パラリンピックにある素晴らしいところだと私は思っています。

▶写真8−14 合宿先の小学生との交流

▶大切にしていること

　私たちチームが大切にしていることは、いろいろあります。合宿に行ったときには、その地域の人たちと交流したり、小学校や中学校を訪問したりしています。パラリンピックや自分たちのことを知っていただき多くの方に応援していただくことも大切です。いろいろな人たちと出会い、交流することで、自分たちの取り組んでいるスポーツやトレーニングに付加価値をつけていくことも重要です。

　久保選手や長田選手は、網走市の小学校を3年間かけて訪問しました。ソチ大会の前に40人もの生徒から手紙をもらいました。6年生の女子からいただいた手紙をご紹介しましょう。

　　私が言うのもなんですが、メダルを取れた選手や取れなかった選手がいると思うんですけど、それはそれでよかったと思います。それも1つの経験だと思うからです。
　　問題は自分が本気で諦めずに、全力で取り組めたか、そうでなかったかだと思います。

メダルを取れても取れなくても全力でやったほうが100万倍いいと私は思います。
　全力でやって次に向けて頑張るのは、全力でやらないで後で後悔するより絶対いいんです。

私はここで終わるのかと思ったら、次のページもありました。

　もし、限界フルパワーでやってメダルを取れなくて自信を無くす人がいたら、それは違います。なぜなら、限界はそのときそのときのものであって、限界は伸びていくんです。
　だからその時の限界フルパワーでメダルが取れなかったのなら、もっと限界を伸ばして臨めば、きっとメダルを取ることができるはずです。なので、諦めずに頑張ってください。

私は本章で、3人の選手を紹介しましたが、同じように誰しも壁にぶつかります。「もうここが限界か」と。
　しかし、「その限界は自分たちが伸ばしていくものですよ」ということを、彼女は手紙で送ってくれました。この手紙を読んで、選手たちは本当に励まされました。
　もう1人紹介したいと思います。

　ぼくは昔から学校に行くのが嫌で、でも選手の人たちを見て足が不自由な人たちでも頑張っているんだから、ぼくたちが頑張らなくてどうするんだと思い、少しずつ学校に行けるようになりました。本当に選手の皆さんに感謝しています。ありがとうございます。
　今度のソチパラリンピックでも頑張ってください。

なかなか学校に行けない子も、パラリンピックの選手と知り合うことで、「なんか自分ももう少し頑張れるんじゃないか」と手紙に書いてくれたので

す。40通の手紙のなかで、この手紙だけが「感謝しています」「ありがとうございます」と書いてくれました。私は、「本当に心の優しい子なんだなぁ」と思っています。

5 ┊ 質疑応答

学生Ａ（スポーツ科学部３年） ▶2点ほど質問があります。1つは、地域の障がい者スポーツセンターが、地域の障がい者スポーツを積極的に盛り上げていくことが大事な取り組みだと思っています。そうしたものの現状をお教えください。

あともう1つは、次世代の指導者の育成をどのように考えておられるのかお教えください。

荒井 ▶東京オリンピック・パラリンピックを前に、地域の障がい者スポーツセンターと、障がい者スポーツ協会をいかに強化していくかが最優先の課題だと思ってます。

指導者の育成について、私の経験をご紹介します。大学スキー部の合宿に一緒に行って合宿をさせました。そこはお互い同世代ですから、仲良くなって、それこそトレーニングの仕方からワックスの塗り方まで、いろんなことを学べるわけです。

そのときに、学生のなかには必ず、将来パラリンピックのコーチや支援学級の先生になりたいという人が出てくるわけです。私はその人たちに声を掛けて、コーチやガイド、あるいはスタッフになっていただくようにしています。学生スポーツとパラリンピックスポーツが一体化していけば、日本の障がい者スポーツも前に進むことができるのではないでしょうか。

河合 ▶スポーツ科学部や、体育の教員になるためのカリキュラムのなかに、障がい者スポーツのことが取り扱われているかどうか、皆さんも自問自答していただきたいと思います。

あるいは教員になろうとして、教員免許を取得する際、障がい者のことま

で視野に入れて勉強しているかどうか自問自答してほしいです。

　学校にはいろいろな障がいの人たちがいるはずなのに、それを知らないまま教員になってしまうケースがほとんどです。この機会をベースにして、勉強していただければと思います。

学生B（人間科学部3年）▶ 聴覚障がい者のスポーツ大会は別にあるというお話ですが、なぜ聴覚障がい者だけパラリンピックに入れないのでしょうか。

荒井▶ 現在、聴覚障がいは、「デフリンピック」という大会を夏、冬それぞれ4年ごとに開催しています。日本においては、聴覚障がいも知的障がいも身体障がいも同じ日本障がい者スポーツ協会で一緒に活動しています。私たちチームもデフリンピックを目指す選手と一緒に活動しています。

平田▶ もともとパラリンピックとデフリンピックは、それぞれに世界大会がありました。最初はデフリンピックの方が、規模が大きかったというのが、統一されなかった要因ではないかと思います。

　また医学的にいうと、たとえば100m走の場合で言えば、ほかの障がいに比べて聴覚障がいの方がそれほど障がいにならないのではないのか、ということも、2つの団体が統一されなかったもう1つの要因です。

　ただし、私は一緒になるべきだと思ってはいます。

学生C（国際教養学部5年）▶ 私の友人で、足に軽い障がいを持った友人がいるのですが、障がいが軽いということで、障害者手帳を取ることができずにパラリンピックに出場するのもたいへんだったと聞いています。そうした選手に対するケアはどうなっているのでしょうか。

　また、健常者の大会に出場する障がい者のケースについてもお教えください。

荒井▶ 誰にでも平等に、スポーツをする機会が与えられるべきだと思っています。

　今ヘッドコーチをお願いしている方は、オリンピックに2回出場した世界でも活躍した選手ですが、そんな彼でも実は左足に少し障がいがあると聞き驚きました。ですから私は、パラリンピックとオリンピックの分け隔てをな

くして、将来的には一緒にスポーツができる環境が整えられれば良いと思っています。

第9章

パラリンピックとクラス分け
──水泳・トライアスロン

河合純一（かわい・じゅんいち）
木村潤平（きむら・じゅんぺい）

Summary

● 本章では、パラリンピックの水泳とトライアスロン競技のクラス分けについて学びます。前半は、クラス分けの概要について河合純一が話をし、後半は、木村潤平選手に、実体験に基づいた解説をしていただきます。

1 障がい者水泳競技のクラス分けの概要（河合）

　障がい者水泳競技は、視覚障がい、四肢の障がいなど、どのような障がいを持つ人でも参加できる競技で、それぞれの障がいごとにクラス分けがされています。そのクラス分けとはいったいどのようなものなのかを説明します。

▶クラス分けとは？──その目的

　クラス分けは、国際パラリンピック委員会水泳競技部門（IPC-SW）の競技規則に準じていますが、このIPC-SWの規則は、国際水泳連盟（FINA）の競技規則をもとに、障がいの種類や程度に応じて、特例事項を定めるものです。

図表9-1 競泳のクラス分け

種目	クロール、背泳ぎ	バタフライ	平泳ぎ	個人メドレー	
障がい	S1	S1	SB1	SM1	← 障がいが最も重い
	S2	S2	SB2	SM2	
	S3	S3	SB3	SM3	
	S4	S4	SB4	SM4	
	S5	S5	SB5	SM5	
	S6	S6	SB6	SM6	
	S7	S7	SB7	SM7	
	S8	S8	SB8	SM8	
	S9	S9	SB9	SM9	
	S10	S10		SM10	← 障がいが最も軽い
視覚障がい	S11	重度視覚障がい			
	S12	視覚障がい			
	S13	最低限の視覚を有する障がい			
知的障がい		1つのクラス			

「S」＝クロール、背泳ぎ、バタフライ　「SB」＝平泳ぎ　「SM」＝個人メドレー

　特例事項というのは、つまり次のようなことです。FINAのルールは、たとえば競泳のバタフライや平泳ぎの場合、両手両足の動きが同じでなくてはならないというルールが定められています。また、壁をタッチするときは必ず両手でおこなうように、と書かれています。これは障がいのあるなしに関係ないルールです。そのため、片腕切断や片足切断の選手が泳ぐ場合、同じ動きができるはずもなく、壁も片手でしかタッチできないので、その状態で出場した場合、失格になります。この点について、障がい者の競技に対しては、「FINAの競技規則の適用を除外する」という形で対応してきました。こういったルールエクゼプションのもとで、クラス分けがなされています。

　競泳のクラス分けには、3種類あります（図表9-1）。

　1つは、身体障がいの場合、その障がいの重度や運動機能のレベルによって1（重度）から10（軽度）に分けるクラス分けです。さらに泳法によるクラス分けがあります。クロール、背泳ぎ、バタフライはS、平泳ぎはSB、個人メドレーはSMとされ、SとSMは10クラス、SBは9クラスに分かれます。

そして、視覚障がいは3つのクラス、知的障がいは1つのクラスに分かれます。

　木村潤平選手は、下肢機能障がいの身体障がいですが、S7のクラスの選手になります。S7という1つのクラスの中だけでも、下肢機能障がいや片まひ障がい、切断等多様な障がいが存在します。それぞれの障がいの程度により、同じ障がいでもクラスが変わっていきます。

　このように肢体不自由の状態や機能の程度は多様ですが、クラスの数を少なくして、それぞれの泳ぐ能力に応じてクラス分けをするようになっています。

　1992年以降にこのようになりました。それ以前は、たとえば切断された四肢の状態の人は、そういった人たちだけを集めたクラスを作っていました。しかしながら、切断をして右足がない人、右足はあるけれどひざ下が動かない人、それぞれ状態は違うけれど、機能しない部分は同じという人たちを一緒にして競わせた方が、つまり、多くの人たちが競い合って勝負する方がメダルの価値も高まるだろうということで、現在のような統合された形に変わりました。

　クラス分けを実際にはどのように実施するかについては、後ほど説明します。

2 多様なルールと課題（河合）

▶スタート

　水泳のスタートには、飛び込み台の上から跳ぶダイビングスタートや、台の横からの飛び込みもあります。また、水のなかに入りスタート台のバーをつかんで「用意　ピッ」という音でスタートする方法、バーをつかめない人の場合は足が壁についている状態にしてその足を離れないようにコーチがサポートをして、「用意　ピッ」で手を放して自分でスタートをする方法（フッ

トスタート）などさまざまです。たとえば、背泳ぎの競技で両手のない人は、スターティングデバイスという紐やロープのようなもの（これは自由に選べます）を、口にくわえてスタートをしたりします。また、両足のない人も飛び込みますが、ざらざらしている飛び込み台の表面で、足の切断面を擦って怪我をする危険があるので、タオルを敷いてそれを予防する選手もいます。このように、スタートの仕方については、障がいに応じて配慮がなされています。木村選手は、下肢機能障がいのため、スタート台を蹴ることができないので、スタート台の上からほぼ落ちるようにスタートし、落ちる推進力を前に向かうように工夫してスタートしています。

▶ コースの逸脱

　視覚障がい者の場合、試合中に他のコースに行ってしまう例があります。たとえば、ターンをした後に壁を蹴ったらコースロープを超えてしまい、隣のレーンに入ってしまったりすることがあります。その場合は失格になりません。それに今では、コースがずれていることをコーチたちが伝えてもよいというルールがあります。自分にせよコーチからの合図にせよ、コースを逸脱したことに気がついて戻る人もいますが、基本的には戻らなくてもゴールできます。ただし、隣のコースで泳いでいる人の邪魔をすると失格になります。

▶ タッピング（壁を知らせる合図）

　タッピングというのは、ターンをする壁が近づいていることを知らせる視覚障がい者への合図のことをいいます。スタート台にタッピングスティック（タッピングバー、タッピング棒ともいう）を持ったコーチがいて、選手が近づいてきたら、そのスティックで選手の頭をポンと叩きます。

　このスティックは国によって、長さや形が違います。また、海外遠征時に持ち運びがしやすいように折りたたみ式になっています。日本では、釣り竿を原型にしたものを使っています。カーボン製で非常に軽くて丈夫で持ち運

びやすいのが特徴です。第7章で見た写真7-1のようにスティックの長さが違うのは、種目によって、またタッチなのかターンなのかによって、変える必要があるためです。

このゴール前のタッピングにはたいへんな気を使います。選手は集中して泳いできてゴール手前で、突然頭をポンと叩かれます。選手の安全のために叩いているのですが、選手としてみれば、突然のことなので、叩かれた瞬間に気持ちが止まってしまうのです。この止まってしまった瞬間に、別の選手と100分の1秒でも差がつくと、勝負に影響します。したがって、このタッピングには、選手もコーチも集中して取り組んでいます。

▶ゴーグル

視覚障がい者のレース（S11クラス）の際、ゴーグルは、ブラックゴーグルという光を通さない特注のゴーグルを使うことが義務づけられています。実は、選手のなかには見えているのに見えないといって参加する選手もいるので、そういったことで不公平のないようにクラス分けをしています。それに加えて試合当日も、ゴールしてプールサイドに上がったところで、審判がペンライトのようなものをつかってチェックします。

▶課題

このように平等性を担保したルール作りは、これからの課題でもあります。たとえば木村選手の場合でも、前述のとおり、同じクラスに多様な障がいを持つ人が存在しており、クラス分け委員によってルールに基づき公平に判断されているものの、競技上での公平性には課題もあり、現状のクラス分け制度にも課題はいくつかあります。また、視覚障がいにおいても見えているのか見えていないか、どの程度そうなのか、あるいは聴覚障がい者の場合も同じで、本当に聞こえてないのかどうかは、他者からではわかりません。知的障がいで実際に起きたことですが、シドニー大会のときに、スペインの

バスケットボールのチームに健常者が入っていたことが発覚して、それ以降12年にもわたり知的障がいのチームがパラリンピックに出場できないという事態が起きました。

　そういったことのないように、選手の障がいについては医者に診断書を書いてもらうことになっています。しかし残念なことに、選手と医者が一緒になって虚偽を図るケースも出てきました。メダルを取れば、一生年金で暮らせる国もありますので、生活のためには手段を選ばない、ということです。ちなみに、日本にはそういう制度はありませんので、私のように、選手を引退後は大学で講義をしたり、一般企業で就労したりして生活費を稼いでいく必要があります。

　このように国によって障がい者に対するもののとらえ方が違いますので、パラリンピックや国際大会で、選手たちが同じクラスで平等に勝負ができるようなクラス分けやルール作りをしていくことは、引き続き課題でもあります。

3 ┊ クラス分けの実際(河合)

▶ベンチテストとウォーターテスト

　さて、障がい者水泳競技のルール作りについて概観してきましたが、それでは、実際にはどのようにして、選手たちをクラス分けしていくのかを見ていきましょう(図表9-2)。

　選手はクラス分けをするためのテストを受けるのですが、それには陸上で受けるベンチテストと水中の動きを見るウォーターテストがあります。

　ベンチテストは、筋力や身体の可動域、動きの柔軟性を見ます。「どこがどのように動かないのか」ということは水泳では不利益となる部分なので、それらを考慮したテストをおこない、得点化します。

　ウォーターテストは、飛び込みができるかできないか、4泳法のどれがで

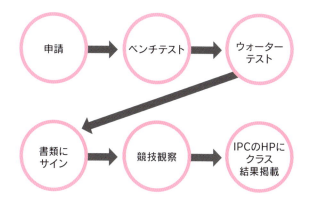

きるか、水中で浮いて姿勢を維持できるか、25mまでバタ足で泳げるか、ターンができるか、などの指示を出して、動きと能力を見ます。

　先ほども少し述べましたが、このテストにおいても、動かないふりをして、実際の能力とは違うように見せる選手がいます。クラス分けに際しては「全力でクラス分けに挑みます」という誓約書にサインをしますので、ルールを守らない選手については、基本的には永久に大会には参加させないという姿勢を打ち出しています。

　このテストについては、他国の選手に対して不平や不満を表明することもできますが、クラス分け委員が、自分たちが判定したクラスと明らかに違うパフォーマンスを出したことに対して、選手に通告を出せるようになっています。そして、それにもし不服があるようなら、国が代表して、あるいはチームリーダーや監督が、クラス分け委員に対して抗議をすることもできます。

　このような経過を経てクラスが決まったら、選手は自分のクラスを確認して、誓約書にサインをします。そのうえで、競技観察といって、競技中にクラス分け委員が確認した動き以上のものができないのかどうか調査をして、最終確定をします。

　このステップは、1回で終わらないときもあります。10代の選手はまだ成

長段階にあります。15歳から18歳までの3年間で身長が15cm伸びることもあります。身長が伸びているときには、たとえば手が切断された選手の場合は、身長に応じて残存の長さが何％という比率でかわってきます。このように身体の状態が変わる可能性のある選手には、「R」（レビュー）というクラスがついています。あるいは、木村選手もそうですが、20歳を過ぎてこれ以上身長が伸びないだろう、身体の状態はそれほど変わらないだろう、という場合は、以降、クラス分けは変わることはないので、「C」（コンファームド）という記号がクラスのステータスとしてつき、S7、SB6、SM7などというクラスで確定されます。

▶ クラス分けは誰がするの？

　こういったクラス分けのテストをする専門のスタッフがいます。「クラシファイヤー（Classifier）」と呼ばれています。日本人は2名います。クラス分けスタッフになるための研修会があり、研修内容に応じて、研修生がレベル1、レベル2とカテゴライズされ、パラリンピック本番には、レベル1を持つクラスファイヤーが同行することになっています。

　しかしながら、リオデジャネイロ大会本番については、クラス分けはおこなわないことになっています。それは、出場する初めての国際大会がパラリンピックだということのないように、リオデジャネイロ大会までに「C」（コンファームド）を持つよう、国際パラリンピック委員会（IPC：International Paralympic Committee）の方針が出ているためです。これに合わせて、日本でもより確定したクラスが出せるように仕組みを作っています。クラスは基本的に2名で1つのパネルを作ってクラス分けをおこないます。日本人が入っているところに日本人がクラス分けを受けるということはありません。基本的に自国以外のクラスファイヤーのもとで、クラス分けされます。

4 ┊ 競技者の視点（木村）

　このように、障がい者水泳競技にはクラス分けがあり、そのもとで、選手たちが競技を繰り広げていることがわかりました。ここからは、ゲストの木村潤平選手が、競技者として、競技の実際とクラス分けについて述べていきます。

▶障がいの特性と競技

　私（木村）は、北京大会では100m平泳ぎのSB6クラスに出場しました。下肢が使えない障がいですが、小人症の人や切断の選手も一緒のクラスになっています。先ほど河合先生が述べられたように競技上の公平性を保つためにベンチテストをしますが、そのテストで同じような機能を持つと判断された結果、同じクラスになり、勝ち負けを競っています。とはいえ、障がいの箇所や状態が異なるので全員が違う泳ぎをしています。たとえば、私は2回のストロークに1回の呼吸で泳いでいますが、小人症の選手は1回のストロークに1回ずつの呼吸で泳いでいます。平泳ぎの場合は、ワンストロークの間に頭か身体の一部が出ていなければならないルールとなっているので、私も2回のストロークの間、頭が下がらないように工夫をしています。やはり多様な障がいを持つ人が1つのクラスに集まっているため、それぞれの障がいによっての特性があります。その特性によって、競技のうえでそれが有利にも不利にもなるため、客観的に見てパフォーマンスの違いを感じることもあるかとは思いますが、競技に出場する選手としては適正診断を受けてクラス分けについての誓約書にサインをしているので、選手の立場として異論を唱えるということはありません。ちなみに、小人症は身長によってS6とS7に分かれています。

▶パラトライアスロン

　2016年のリオデジャネイロ大会では、新しい種目がお目見えします。パラトライアスロンという競技です。オリンピックでは、すでにトライアスロンは開催されていますが、パラリンピックでのパラトライアスロンはこのリオデジャネイロ大会が初開催です。

　競技内容は、スイム（水泳）が750m、バイク（自転車）が20km、ラン（ランニング）が5kmという組み合わせになっています。

　パラトライアスロンの競技の特徴は、まず、他の競技団体と異なり、健常者も障がい者も同一の競技団体が管轄していることがあげられます。公益社団法人日本トライアスロン連合（JTU：Japan Triathlon Union）という団体です。それから、国内の競技人口は60名ほどです。このうち世界ランキングに掲載されている選手は20名ほどです。パラトライアスロンにおける世界ランキングは、試合におけるタイム順ではなく、ITUが定めるポイント対象大会においてポイントを獲得し、上位3試合のポイントの総数と前年度上位3試合における3分の1のポイントの総数によって決まります。

▶パラトライアスロンのクラス分け

　パラトライアスロンは、PT1のシッティング（座位、競技用車いすの使用等）、PT2～4のスタンディング（立位、義足の使用等）、PT5のブラインド（視覚障がい、ガイド1名の伴走等）と大きく3つに分かれています。そして、トランジットエリアという種目を移る準備をする場所には、PT1においてはハンドラーといわれる補助役の支援を受けて、スイム、バイク、ランの3つの競技をこなしていきます。

　PT1のクラスは、バイクパートではハンドバイク（写真9-1左）を使用し、ランパートでは競技用車いす（写真9-1右）を使用します。トランジットエリアのハンドラーは2人まで認められています。

　PT2～4のクラスでも、水泳と同じようにベンチテストや動作の評価でク

▶写真9-1 ハンドバイク（左）と競技用車いす（右）

▶写真9-2 ブラインドの選手に伴走するガイド

ラス分けをしていきます。各クラスの選手には、四肢の切断や麻痺を有する選手がいますので、義足等の装具を使用したり、バイクの改造等が各人の障がいに合わせて許されています。

　PT5のクラスはブラインドの選手ですが、バイクパートはタンデムバイクを使用し、レース全体を通して同性のガイド1名が伴走することになります（写真9-2）。

▶写真9-3　2016世界トライアスロンシリーズ横浜大会に出場した木村潤平選手
（2016年5月14日）

▶課題

　ハンドバイクはたいへん高価なものになっており、80万円以上になります。一番高価なものでは、部品に高品質なものが使用されており、1000万円するものもあります。また、合わせて車いすレーサーやメンテナンスも含めて、最低でも初期投資に150万円程度必要になります。非常に高価ですので「やってみたい」と思っても、簡単に買うことができません。こういった財源の確保については、今後の課題になると思います。

　また、クラス分けについても、パラトライアスロンではベンチテストのみになっています。ベンチテストのみでのクラス分けには、限界があると感じていますし、新しい競技ですので、今後さらに競技に合わせたクラス分け方法に見直されていくことになると思っています。

▶リオデジャネイロへの道

　先ほどお話したとおり、パラトライアスロンの勝敗を決めるのはポイントです。リオデジャネイロ大会に向けては、2015年の7月から2016年の6月ま

で出場した大会のうち3試合の合計ポイントによって、ランキングが決められ、その上位の選手に出場権が与えられる、というシステムが採用されています。

PT1のクラスは出場枠が10枠程度あると考えられています。したがって、まずは世界ランキング10番以内に入ることが、パラリンピック出場への鍵になります。年間さまざまな試合が開催されますが、そのなかで一番多くのポイントを獲得できるのは世界選手権です。その次に、大陸別選手権大会、そしてワールドシリーズイベントとなっています。

日本選手権や地域の大会は、現段階では普及のための大会という位置づけであるため、リオデジャネイロ大会出場のためのポイントとしては加算されないことになっています。リオデジャネイロパラリンピックに出場するためには、世界選手権とアジア大会で結果を残すことが、非常に大事なポイントになります。また、ワールドシリーズにおいても、いずれかの試合で表彰台、あるいは上位入賞することが大事なポイントになってきます。

▶出会いを大切に

私がこのように自分の競技人生についてお話できる機会を得られたのは、私がまだ大学1年生のときに、ちょうど修士課程で学んでいた河合先生との出会いがあったからです。人と人との縁は不思議とつながっていくものだと、いつも感じています。どのような人も自分から何かを始めようと思ったときに、しかし自分1人では何もできないと感じてしまいます。

私は、実はロンドン大会のとき、メインで失格となってしまいました。たいへん落ち込んで、競技自体をもうやめてしまおうかと考えました。しかし、そのときに、パラトライアスロンに出会ったのです。これを始めようかどうしようか本当に迷いに迷いましたが、やらなければ後悔すると思い、チャレンジすることに決めました。後悔するかしないか、これが最大の基準でした。もし失敗しても、自分で決めたことだったら、その失敗を自分でしっかり受け止めることができると思いました。

こうして新しいチャレンジをしようとしたとき、やはり、たくさんの人との縁に助けられました。特にトライアスロンにおいて実績もない私を支援をしてくださる方との出会いも多く、本当にそうした方々に助けられてきました。こういう出会いの一つひとつに感謝しながら、今、自分の一番のチャレンジであるトライアスロンと水泳の両方でパラリンピックに出場するという目標を達成したいと考えています。

5 ：質疑応答

学生A（スポーツ科学部3年） ▶ 木村選手の場合、バイクとラン、両方とも腕で車輪を回すと思うのですが、そこで求められる能力に大きな違いがあるのでしょうか。

木村 ▶ 両者では姿勢もマシンもまったく違うので、使う筋肉が違います。ハンドバイクに関していうと、ほぼ仰向けに寝た状態で漕ぐため体重移動がまったくできません。いすの高さを調整して自分の体重をかけることもできますが、体が起きてしまうと、空気抵抗が大きくなってしまいます。そのため、現在のハンドバイクでは、体重移動を使うことができませんが、車いすレーサーは体重移動をする技術によって、より速く漕ぐことは可能です。

　日立ソリューションズには車いす陸上部があるとうかがいましたが、荒井先生、いかがでしょうか？

荒井 ▶ 日立ソリューションズには車いす陸上部がありますが、開発が進んでマシンがどんどん進化しています。主流はカーボン製になっていて、ホンダのものだと、およそ1000万円。なかなか選手自身では購入できません。八千代工業が日立ソリューションズの車いす陸上部をサポートしてくれていて、同製品を会社が購入してくれましたが、それでも500万円します。義足などもそうですが、マシンの進化が著しいので、パラリンピックで世界レベルを目指そうとするとき、このあたりのことをどう考えるかが重要になってきます。そういった課題の面で、日本スポーツ振興センターでは何か取り組

みがありますか。

河合 ▶ 日本スポーツ振興センターというより、文部科学省が現在、委託事業としてマルチサポート事業をおこなっています。つまり、国の政策として、筑波大学と東京工業大学を中心とするグループにパラリンピックの分野における用具の研究開発の依頼をしています。このような取り組みをし始めたところです。

荒井 ▶ スキーについていえば、日本にはガリウムというワックスメーカーがありますが、その研究部員と私とで、3月に平昌（ピョンチャン）に行き、雪質のテストをしてきました。ソチもそうですが、競技場はほとんどが人工雪です。人工雪にはゴミが付着しやすいので、雪にどのようなゴミが混ざっているかを全部調査をしました。こういった情報があると、ストラクチャーやワックスの開発に役立ちます。実際にソチ大会のときは、研究開発者が用具や原材料を持ち込み、ソチの競技場でワックスを作りました。それが銀メダルの獲得につながっています。こういった競技に対するサポートは、これまでオリンピックにしかありませんでしたが、現在では、パラリンピックでもできるようになりました。

　パラリンピックのクロスカントリーについては、筑波大学がワックスとストラクチャーについての研究をしてくれています。

河合 ▶ 競技に勝つためには、調査に基づいたさまざまな情報が必要になります。調査して得られた情報をどのように生かせば勝てるのか、それを理解しているコーチやスタッフが、選手の周りにいることが重要になります。これがスポーツインテリジェンスと呼ばれるジャンルになります。木村さん、この点についてトライアスロンではどうでしょうか。水温や海の様子、気候などさまざまな情報が競技に影響するのだと思いますが。

木村 ▶ 先ほど河合先生からお話があったマルチサポートの方で、トライアスロンの競技で身につけるウェットスーツの開発に関係する実験があります。ウェットスーツは選手の身体に合わせて作りますが、身体の構造を3Dスキャンをすることによって分析する試みをしています。ウェットスーツには、浮力をつけるために厚みを持たせます。しかし、ウェットスーツのすべ

てを厚くすれば、浮力はつきますが、肩の周りなどが動かしづらくなります。そのため、体型や各人の好みに合わせた最適なウェットスーツを作るために、3Dスキャンを使用し、分析しているのです。また、「より浮き」「より速く」泳ぐためには、素材も大事ですが、トランジットエリアではこのウェットスーツを脱ぎますので、脱ぎやすさも調査します。研究員の方々と一緒に、こういった分析をおこなっています。

学生B（教育学部4年） ▶ 木村さんに質問です。トライアスロンに挑戦するときに後悔したくないからという理由で挑戦されたというお話でしたが、世界選手権やオリンピックを目指すにあたって、1つの種目に専念するのではなくて、複数の競技をかけもちするトライアスロンを選んだのはなぜなのでしょうか。

木村 ▶ 私がロンドンで結果を残せず、トライアスロンに転向した理由は、水泳を生かしながらできる競技はないのかと考えた結果です。他の競技もいくつか試してみたのですが、やはり水泳の経験が生かせないと感じ、トライアスロンが一番しっくりきました。ただ、実際に競技をしてみると、レーサーやバイクはまったく上手にできず、「やはりトライアスロンは違うかな」とも思いました。そのなかで、先ほどもお話したとおり、リオデジャネイロでパラトライアスロン競技が初開催されます。初開催でのメダリストになれたらかっこいいと、素直に思いました。それでやはりやってみたいなと思いました。

　また、水泳だけをしていたときには気がつかなかったことが、トライアスロンという他種目のトレーニングをすることによって気づくことも多くありました。もしかしたら、水泳でもまだ伸びしろがあるのではないかと思えたのです。水泳でももうちょっと先に行けるのではないか、という希望がわいてきました。そういったことが、トライアスロンを選んだ理由です。

学生C（教育学部4年） ▶ 木村さんに質問です。トライアスロンの競技でのパートナー金城雅夫さんとはどういった経緯で出会われたのでしょうか。

木村 ▶ 知り合いの方の紹介です。その方はアテネ大会の頃から話を聞いていただいたりしていたのですが、トライアスロンにチャレンジしようと思った

ときに、その方に関係者が集う懇親会にお誘いいただきました。そこに金城さんがいらっしゃいました。金城さんに「初めて会ったような気がしないな」などとおっしゃっていただき、すぐ、サポートを始めてくださいました。金城さんはメカニックとしては日本代表のメカニックもされたことがある方ですので、たいへん頼りにしています。メカニックとして信頼できる方を探していたので、ぜひこれからもサポートしていただきたいと思いました。

学生D（スポーツ科学部2年） ▶ 授業に出てみたら、パラリンピックを目指している選手は、モチベーションがすごく高いということに気がつきました。障がいを持ちながらスポーツに一生懸命になることができる、その動機はどこから来るのでしょうか。

木村 ▶ パラリンピックスポーツを始める前は、障がい者スポーツは、障がい者だけの内輪なスポーツのような気がしていました。しかし、実際にパラリンピックに出場したり、世界選手権に出場したりしてみると、各国の選手たちの試合に対するモチベーションや誇り、あるいは自信のようなものを目の当たりにしました。そしてそういったものを持っているからこそ、競技に対するパフォーマンスが高いのではないか、と感じるようになりました。そのときに、障がい者スポーツは楽しみのため、というだけではなく、競技スポーツなのだということを改めて感じました。私はそこに魅力を感じました。

　パラリンピックの魅力を感じていただくのは、やはり実際に競技場に来て競技の様子を見ていただくのが一番良いと思っています。ぜひ大会などに足を運んでみてください。

第 10 章

車いすバスケットボール

及川晋平（おいかわ・しんぺい）

Summary

- 本章では車いすバスケットボールについて学びます。ルールや歴史、アメリカと日本の違いなど、多角的な視点から、車いすバスケットボール男子日本代表ヘッドコーチの及川晋平さんにお話いただきます。

1 はじめに

　私は車いすバスケットボールの選手であり、現在は日本代表のヘッドコーチをしています。まだまだ車いすバスケットボール競技について、日本ではあまり知られていないということを実感しています。今日は、私自身の経験をもとに、車いすバスケットボール競技の概要について述べていきます。

2 障がいと選手活動

▶中途障がい

　私は中途障がい者です。幼い頃からバスケットボールが好きで、いつかプ

ロになってやる、と思っていました。しかし、高校1年生のときに突然足に痛みが走り、ジャンプしてシュートができなくなりました。私が学生の頃は、シュートを外そうものなら怒られるというような厳しい時代だったので、足に痛みがある程度で練習を休むような発想がありませんでした。しかし、痛み止めも効かなくなり、学校に行けなくなるほど痛みが増したので、病院に行った結果、「骨肉腫」と診断されました。骨肉腫は若い人にも発症するガンです。私が入院する10年前頃は、10人に7人は生きられない、たいへん生存率の低い病気でした。しかし、医療の進歩のおかげで、私が入院したときには、6割、7割の人は生きていられるようになりました。

　最初の1年は抗がん剤の治療をしていたのですが、ある日、肺に転移していたのが見つかりました。肺に転移してしまうと、生存率はさらに下がり、2割くらいの人しか生き延びられないのですが、担当した医師が情熱ある先生で、熱心に治療に寄り添っていただき、命をつなげていただいたのだ、と強く思っています。

　その後、肺への転移を機に、原因となっているであろう膝の切断を決断するに至りました。しかし、足首の組織はまだ使える、ということで、ローテーション術という手術を選択しました。足首の関節を膝にもってきて、足関節を膝関節として代用するという難しい手術です。足が膝のところにつま先が逆の方向を向いてついているような状態です。骨や筋肉は切っても、神経と血管が残っていればこのような治療法ができます。車いすバスケットボールを舞台にした「リアル」（『週刊ヤングジャンプ』、1999年〜連載中）という漫画のなかで、この足の状況について描かれていますので、ぜひ読んでみてください。

　この手術法では神経が残っているので、足の裏をくすぐられると、くすぐったいとも感じます。感覚としては、担当医に「竹馬に乗っているような感じになるよ」といわれました。

　手術をする際は膝の上から足を完全に切断することと、このローテーション術という2つの選択がありました。足が膝から逆向きでついている状態は、見た目は正直すぐに受け入れられるものではありませんでしたが、自分

の意思で関節を曲げることができる選択を残したいと考え、ローテーション術を選択しました。治療には5年の月日がかかりました。一度退院して高校に復学したのですが、再び転移が発覚し、また1年入院して留年、そして復学し、また再入院することを繰り返して、20歳のときにやっと退院することができました。

▶ 選手時代

　退院して自宅での日常生活に戻り、ほどなくして、千葉の車いすバスケットボールチームに入りました。先ほども述べたとおり、もともとバスケットボールに本気で取り組んでいたからこそ、自分の障がいを受け入れることもままならぬなか、当初は、車いすに乗ってバスケットをするなどということをすぐに考えることができませんでした。今思うと、障がい者スポーツに対する偏見があったのだと思います。しかし、実際にプレーをしてみると、5年間することができなかったシュートやドリブルの感覚を思い出すことができ、徐々にはまっていきました。

　千葉のチームでは、車いすの操作方法などを学びました。練習をした後の特訓にも思い出があります。夜に坂道を車いすで上る練習をしていたとき、警備の方に怪しまれたこともありました。とにかく私には車いすを操作する技術がなかったので、必死に練習をしました。

　千葉ホークスに入って1年たったとき、私は意を決してアメリカに留学しました。5年に及ぶ闘病生活により高校は中退をしていましたので、社会復帰をし、大学進学をするためにも大検は取っていました。しかし、障がいを持っていることにコンプレックスを抱えている自分を変えたいという思いが、大好きだった英語を話せるようになれたら、そして何か新しい経験、新しい文化に触れて、挑戦したい、そんな思いにつながっていきました。

　留学先はシアトルでした。NBA (National Basketball Association) が傘下に持つ車いすバスケットボールチーム「シアトルスーパーソニックス」でプレーをしました。その後、カルフォルニアに移りました。車いすバスケの全米選

▶写真10−1 試合に出場している及川晋平選手

手権を見て、優勝したチームにあこがれて「練習に参加させてください」と
直談判したところ了承をもらえたのです。アメリカでの選手生活では、イリ
ノイ大学が主催する車いすバスケの5日間キャンプに参加することができま
した。この経験によって、さらに車いすバスケにのめりこんでいきました。
イリノイ大学は、世界で最も障がい者スポーツの取り組みに熱心な大学の1
つです。今、アメリカでは奨学金を用意してでも車いすバスケットボール選
手を招く状況になっています。イリノイ大学には6面のバスケットコートが
あり、1面は車いすのマークがあり、そのコートは車いすの人が優先になっ
ています。毎日コーチがついて練習することができる環境も整っています。
またスポーツだけでなく勉強もたいへんで、ある程度の成績を残さないと練
習に参加することができません。私はこの大学に入ったわけではありません
が、この大学のコーチと知り合って、いろいろなことを学びました。

▶ コーチとして

　アメリカに留学して、私はとても大きなことに気がつきました。当時日本
では、リハビリテーションの延長上ととらえられがちであった車いすバス
ケットボールは、アメリカでは、科学的根拠に基づいた技術と戦略のもと、

▶写真10-2 試合の合間の作戦会議

競技スポーツとしての基礎プログラムを確立していた、ということです。その意味で、日本はさまざまなことが遅れていると感じました。たとえば当時、日本では車いすバスケットボールの指導方法が確立されていなかったことです。健常者の一般のバスケットボールの視点からの指導が多く、車いす特有の動きに対する指導が確立されていなかったのです。健常者は横に移動することができるので、ボードのうえで戦略を説明するとき、横移動を組み入れてしまうのですが、車いすは横移動ができないので、作戦に遅れが出て機能しないということも多々ありました。また、「止まる」や「ダッシュする」などといった基本的な動作にもコーチと選手との間で大きなギャップがあったのです。私がコーチをしたいと思ったのは、そういった点を修正して、アメリカのように、日本でも車いすバスケを競技スポーツとして成り立たせていく必要性を感じたからです。

　そうして私は、アメリカのような車いすバスケのキャンプを立ち上げたいと思い、イリノイ大学で知り合ったコーチの協力を得て、NPO法人Jキャンプを立ち上げました。ここでは、科学的理論に基づいた車いすバスケのスキルを学ぶとともに、この競技の楽しさを学べるようにしました。その結果、多くの選手やコーチを輩出することができました。

　こういった車いすバスケの基礎をしっかり学ぶことができるキャンプを作

ることができたのも、アメリカに留学した成果の1つです。当初任意団体として活動していましたが、「ミッションを達成するための具体的な計画と遂行のためにも、継続可能な運営をした方がいい」ということで、NPO法人にしました。車いすバスケの発展を考えたときに、まず自分たちの組織が安定した成長を遂げなければいけないと考えたのです。

　キャンプの開催では、多くの苦労を経験しました。まずは、会場として50人を超える車いすユーザーの団体、とりわけ車いすバスケットボールに対して体育館を使わせてくれる施設が日本にどれくらいあるのか、ということです。それと同時に、この50人の車いすユーザーの団体を泊まらせてくれる宿泊施設がどれくらいあるかということも問題として生じました。そのほかにも安全面などといったさまざまな課題がありました。そのなかで、北海道のある企画の実行委員会の皆さまがその運営の多くを引き受けてくださり、無事に第1回のキャンプを開催することができました。その後、茨城県立医療大学といった場所でも開催できるようになりました。

　このようなキャンプで、車いすバスケットボールの基礎をきちんと学んだ参加者たちのなかから、日本代表選手も出てきています。今の日本代表のエースは第1回目から継続してJキャンプに参加してくれた選手で、今はドイツでプロとして活躍しています。

3 ｜車いすバスケットボールについて

▶アメリカの背景

　アメリカでは「ベテランズ」と呼ばれていますが、戦争から負傷して帰ってきた兵士のリハビリとして、車いすバスケットボールが始まりました。もともと、NBAなどを通じてバスケット文化が浸透していたのも大きいと思います。今では、ほとんどのNBAのチームが車いすバスケのチームを持っています。アメリカでは障がい者のコミュニティへの参加もかなりスムーズにおこなわれるようになっていると思います。

　先ほども述べましたように、奨学金を払ってでも国内外から障がいのある学生に大学に来てもらうまでに至っています。このようにスポーツに携わる障がい者には筋骨隆々のたくましい体をもった「かっこいい」人もたくさんいるので、そのことが、「障がいのある人」に対する固定観念を覆す、1つの要因になっているように思います。

▶ルール

　車いすバスケットボールのルールには、一般のバスケットボールと違う点が2つあります。1つは、トラベリングがないということです。そのかわりに、似た内容で「スリープッシュ」と呼ばれるルールがあります。ボールを持ったままドリブルをせずに3回以上、車いすの大輪に触れてはならない、というルールです。

　2つ目はダブルドリブルがないということです。つまりこの2つのルールはコンビネーションになっていて、2回車いすを漕いだ後に、止まってもう1回漕ぎ直した場合、さらに2回車いすを漕ぐことが許されます。また、フリースローは、前輪はラインを越えていいのですが、後輪はラインを出てはだめというルールになっています。

こういったこと以外は、基本的にはほぼ一般のバスケと変わりません。試合時間や人数などはまったく同じです。同じにしているのは、車いすバスケをしたいと思ったときに、ルールが違いすぎると、道具やライン、ゴールの高さなど、環境的な対応に苦慮する部分がたくさん出てきてしまうからです。したがってコートがあれば車いすバスケもできるというようになっています。

　3秒ルールにあたるものもあります。車いすの場合は、制限区域から3秒以内に「出ようとしていれば」大丈夫です。出ようとしながら何かしようとしている場合は反則になります。

　ディフェンスについては、車いすバスケは、基本マンツーマンディフェンスです。それは、車いすバスケはポジションを取ることが大きな要素なので、ゾーンだけを守っていてもだめだということです。

　選手によって、障がいの重さに違いがありますので、そのミスマッチを狙うことも、車いすバスケ競技ならではの面白さです。攻撃の際は、障がいと高さのミスマッチをいかに作るか、逆に、ディフェンスの場合は、そのミスマッチをいかに作られないか、ということを考えることになります。

　車いすバスケの見所としては、こういった相手選手の障がいをうまくとらえた戦略が、いかに勝利へと導いているか、という点にあると思います。

▶ クラス分け

　そういった意味では、車いすバスケのクラス分けは、とても重要な要素になってきます。それは、他の競技では、ある程度障がいの状況が似た選手同士で競いますが、車いすバスケの場合は、さまざまな状態にある人が一緒にプレーするからです。したがって、車いすに乗ったうえでの有利、不利というのが出てきます。その程度を表したものがこのクラス分けになります。

　このクラス分けに基づき、コート上の出場選手5人の持ち点を14点以内に収めなければいけないというルールがあります。クラス分けには、それぞれ持ち点があり1、1.5と0.5ポイント刻みで、4.5までとなっています。

この持ち点は車いすに乗ったときの身体のバランスで決められます。1点の選手は最も状態の悪い選手になりますが、基本的に、前に体を倒したときに腹筋・背筋を使って起き上がることができないため、腕で体を起こすことになります。私は、片足切断で4.5点です。チームは5人ですので、こういった個々の持ち点を合わせて14点になるよう組み合わせていきます。

　一般のバスケではスキルの高い人から5人出場できればいいわけですが、車いすバスケでは、私のような4.5の選手も1.5の選手も出場します。したがって、もともとある身体機能に大きく違いのある中でコンビネーションがうまくできないと試合に勝てません。チームワークが非常に要求される競技です。助け合うといえば、道徳的な意味合いのように聞こえますが、そうではありません。戦略上、障がいの状態の重い選手は狙われるので、助け合わなければ勝てないのです。

　どのチームも、相手の選手にどのような障がいがあって、どのような動きができるのか、よく研究しています。たとえば上肢障がいで、左手が指1本しかない選手の場合は、左側でボールを持てないので、左側に潜り込めばいい、というように。

　このように、クラス別の強弱とそれを補うチームワークが、車いすバスケの一番の魅力だと思います。

▶車いすバスケットボールの開発

　競技用車いすは年々進化しています。たとえば、軽量化もそうですし、タイヤなどはツール・ド・フランスで使われているものと同じようなものを使っています。デザインも年々変わっています。シートの高さも調整しやすいものに作られており、高さは53cmに決められています。3点以上の選手はそこから5cmの上乗せをすることができます。

　車いすバスケはジャンプができないので高さが強さに直結します。ただし、高いセッティングにすることは、不安定さにもつながるので、自分の障がいの状況とプレースタイルとを掛け合わせて、自分自身の最大の強さを引

き出すためのセッティングを考えます。

　現在、日本車いすバスケットボール連盟には700人ほどの選手が登録しています。かつては、1000人はいましたが、徐々に減少していっています。この原因にはさまざまな要因が考えられるのですが、私は他のパラスポーツが発展してきていることも1つの要因としてあげられると思います。昔はスポーツをするなら車いすバスケ、という選択肢が真っ先にありましたが、今はバスケ以外にもさまざまなスポーツが選択肢に含まれるようになりました。したがって、障がい者スポーツ全体から見れば、車いすバスケ自体の登録人数が減っているのは決して悪いことだけではないように思っています。

　先ほども紹介しましたが、「リアル」という漫画の影響は、絶大です。描いているのが「スラムダンク」の井上雄彦先生ということもあり、人気も出ました。車いすバスケを知っている人がほとんどいなかったところから、今では、「漫画でやってるよね」といわれることも多くなりました。障がいを負う前に「リアル」の存在を知っていたからこそ、早い段階で車いすバスケを始めることができた、という選手もいます。この漫画を通じて、車いすバスケのみならず、障がい者スポーツの一般認知度を高めている点は大きな意味があることだと思います。

4 ┊ おわりに

　ロンドンのパラリンピックには、アシスタントコーチとして参加しました。そのときの成績は、順位決定戦でイタリアに勝って9位でした。優勝したのはカナダ、以下オーストラリア、アメリカという順位になりました。やはり、障がい者スポーツの土台がしっかりあるところが強いなと感じました。また、この大会はかなり観客も入りました。車いすバスケはパラリン

ピックで一番人気のあるスポーツともいわれていて、チケットの興行収入が唯一プラスになった競技です。会場には平均で6000人入っていました。準決勝、決勝になるとチケットは完売して観客は1万2000人入りました。

2016年には、リオデジャネイロ大会があります。その予選会が千葉でおこなわれます。今や、日本はアジア・オセアニアの4強のなかにいます。オーストラリアが一番強いのですが、オーストラリア、日本、韓国、イランの順です。このなかから、リオには3カ国しか行けません。韓国とは1点差の試合を何回も争っています。韓国開催のときは観客を動員して大人数の応援団が来るので、それに対抗できるように、ぜひ皆さんに応援に来ていただきたいです。たくさんの応援をお待ちしています。

5 ： 質疑応答

学生A（教育学部3年） ▶ 戦略のなかで、選手の障がいを攻める、というようなことをお話されていましたが、そのことで選手が障がいをナーバスに感じたりはしないのでしょうか。

及川 ▶ あるかもしれませんが、私たちの文化としては、お互いの障がいをバカにしたり、あるいは隠すようなことはしません。お互いの障がいを受け入れたうえで、率直に声をかけながらもタブーにはしません。はたから見ると異様な会話もあるかもしれませんが。

荒井 ▶ パラリンピックの世界は、障がいを隠さずタブー視しない、というような方向にどんどん進んできていますね。監督の立場からしても、障がいにきちんと向き合い、その障がいでどこまでできるのかを把握することがとても重要です。チームとしての強みと弱みに関わる部分ですから。「スポーツとして見る」というのは、そういうことだと思います。

学生B（社会科学部） ▶ 車いすバスケと他の車いすスポーツの掛け持ちをしている人はいるのでしょうか。また、それが可能なのかを教えてください。

及川 ▶ 可能だと思います。僕の知っている人のなかでも、イリノイ大学で車

いすバスケをやりながら陸上競技をやっていて、日本に帰ってきてからはアイススレッジホッケーのナショナルチームに入り、今は車いすソフトボールをやっている人がいます。その人は片足切断の人です。日本では1つの競技しかやらないことが主流になっていますが、複数の競技でメダルを取れるポテンシャルを持つ選手はいると思うので、そういう人はどんどん挑戦すべきだと思います。

学生B ▶ 車いすバスケの普及には、実際に見てみることが一番だと思っていますが、今年(2015年)の車いすバスケの日本選手権を開催した東京体育館は、障がいのある方には見にくいと感じました。それについては何かお考えがありますか。また東京オリンピック・パラリンピックに向けて新しい施設を建てる可能性はあるのか、教えてください。

及川 ▶ 東京体育館は、私は観戦しやすい施設だと思います。ただそれは、ソフトの問題として車いすユーザーがフロアに降りて観戦することを認めているからで、構造上の問題はあるかもしれません。健常者と同伴で見に来たときにどうするかという問題はあります。バリアフリーだったり、ユニバーサルデザインだったり、最近いろいろなことがいわれていますが、たくさんの人が一緒に楽しむためにはどのようなデザインだったらいいのかということは、考えていかなければいけないと思います。

河合 ▶ 今度、アクセシビリティの問題について話をするので、その際、参考にしていただければいいと思います。たとえば、会場の4%を障がい者のための席にしなければいけないということになったときに、皆さんは、どのようにその4%を配置しますか。前の方に固めて配置したりすると、先ほどの問題のように同伴者や家族と来たときにどのようにすればいいのかという問題が出てきます。できれば、いろいろなところに分散しつつ合計が4%になるようにすることが理想的かもしれませんね。

荒井 ▶ これまで、車いすバスケだから体育館を借りられないといったような問題はありましたか。

及川 ▶ あります。建築されたときに手すりがなかったり、スロープがなかったり、といったことで物理的に使用が難しいという問題がまずあります。し

かし一番気がかりなのは、「体育館が傷つくから駄目です」という回答です。車いすで傷がつかない工夫がされても、タイヤ痕がつく、などもいわれます。欧米でもこのタイヤ痕について問題提起もあるものの、それではっきりNGとはなりません。最近多いのは、都内の改修後や新しい体育館などでNGといわれるケースです。そういうところにかぎって、パラリンピックを応援してます、といった旗が掲示されていたりすることもあります。きれいな床を保とうとする文化はいいのですが、さまざまな工夫をしながら傷や汚れがつかない努力をしているという事実を理解する姿勢もなく、2020年の東京オリンピック・パラリンピックが決まってもなお、車いすスポーツの利用を認めないという対応に関しては、多くの方の理解が進めばいいなと思います。

河合 ▶ まさにそのとおりです。水泳の話をすると、海外ではプールサイドを通常靴で歩いています。なぜ日本で靴を履いて歩いてはいけないかというと、土などがついて排水溝が詰まるなどの問題が生じる可能性があるからです。しかし、もしガラスの破片でも落ちていたら、裸足だと怪我をしてしまいます。どちらの方が、利用者のことを考えているでしょうか。この問題は国によっていろいろな視点があるので難しいと思いますが、こういったいろいろな視点を学ぶことは大切だと思います。

学生C（人間科学部） ▶ 車いすバスケを応援するにあたって、日本の選手にどういった強みがあるかがわかれば応援しやすいと思うので、それを教えてください。

及川 ▶ 海外に対してどのような挑戦をしているかというその内容が、まず日本の強みといえると思います。海外の身体の大きい選手に対しては、戦略を緻密に作っています。早稲田大学を卒業してbjリーグで優勝したチームのヘッドコーチに東野智弥さんという方がいらっしゃいます。その方に、戦略コーチになってもらい、実際のバスケのトレンドと車いすバスケをうまく融合させながら、戦略を立てています。

　その戦略では、特にトランジションといって、オールコートで試合をすることを意識しています。普通はハーフコートなので運動量が多くなり、ス

ピード感のあるゲームになります。海外の場合はゆっくりで、誰かがインサイドに行ったら得点できるだろうということが多いです。しかし、コートを広く使っているのでディフェンスが機能しないと派手にやられます。ゲームがかみ合うと有利になることが多いですが、力に差があるチームには簡単にやられてしまいます。その点、今度の韓国、イランというのは力が均衡しているので、非常に見どころの多い試合になると思います。

河合 ▶「オールコート」「スピード」「緻密さ」「ギャップをつく」という4つが特徴ですね。

荒井 ▶ チケットを入手するためにはどうしたらいいでしょうか。

及川 ▶ チケットの販売はしないと思います。フリーで入れると思います。まだ、興行として成り立つまでには至ってないので。まずは会場を満員にすることからです。

学生D（スポーツ科学部1年）▶ 障がい者スポーツにおいては、マシンの性能が勝敗に大きく関わると思うのですが、車いすについては、高さなどの基準のほかに、材料などの規制はあるのでしょうか。

及川 ▶ 規定はありません。しかし、個人によって好みの材質はあります。かなりのコンタクトスポーツなので、軽い人はふっとばされてしまいますから。ただ、車いすの材質は、まだまだ未開発な部分だと思います。

河合 ▶ 道具について考えるのは、パラリンピックスポーツならではの要素ですね。陸上などでも義足で同じような問題が起こっていますね。

学生E（スポーツ科学部）▶ 日本では、仕事の後に練習をするなど、海外とは違う練習環境だという問題があります。車いすバスケではどうなのでしょうか。

及川 ▶ 車いすバスケは比較的人気も高いので、競技を優先させてもらうことのできるアスリート雇用も進んでいる方だと思います。今の日本代表の半分はアスリート雇用です。また、企業のサポートとして、午後4時には仕事を終われるような配慮をしてもらうケースもあります。しかし、ただアスリート雇用が進めばいいというわけではなく、2020年の東京オリンピック・パラリンピックが終わった後に、どうなるかも考えなければいけません。今は

ちょっとしたバブルのような感じもするので、東京オリンピック・パラリンピックに向けて環境を作っていく側面と選手が一生を通して、仕事とスポーツの両立を実現できるような環境作りをしていかなければいけないと思います。

学生F（スポーツ科学部3年）▶ 普通のバスケットボールと基本的にはルールが変わらないということですが、将来的に健常者と障がい者が一緒にプレーをする、というようなことになったときに、どのような問題が生じるでしょうか。また、NBAの選手のセカンドキャリアとして、車いすバスケを目指すということは可能なのでしょうか。

及川▶ イギリスに遠征に行ったときに、ベラルーシ出身のドイツ選手と会ったのですが、その選手は昔、NCAAというアメリカのバスケットリーグでNBAを目指していた選手でした。怪我をしてNBAをあきらめ、車いすバスケの選手としてドイツに国籍を移し、パラリンピック出場を目指しています。またコロンビアのある代表選手は、もともとNBAの選手だったのですが、バイクで事故を起こして車いすバスケに転向した、という事例です。このようにもともとバスケの選手だった人が、車いすバスケに転向するケースは増えています。したがって、選手発掘をするときは、大学で怪我をして、選手から裏方に移行した、といった人がねらい目だったりしますが、今の日本の現状ではそのような系統立てた発掘はまだできていません。

Part 3

パラリンピックの今後

第11章

パラリンピックの
マーケティング

大日方邦子（おびなた・くにこ）

Summary

- 本章では、大日方邦子さんに、アルペンスキー、チェアスキーの競技がどういうものか紹介いただくのと同時に、パラリンピックが市場価値のあるものとして広くいきわたっていくためには、何が必要なのかをお話いただきます。

1 競技生活

　私が競技生活で初めてメダルを取ったのは、20歳のとき、1994年のリレハンメル大会でした。それから20年、パラリンピックの姿がどんどん変わっていくのをこの目で見てきました。どのように変わってきたのか、私自身の競技生活を追いながら、お話していきたいと思います。

▶チェアスキーとの出会い

　私は東京生まれで、小さな頃、スキーはまったくやったことがありませんでした。子どもの頃は好奇心旺盛で、義足をつけてもやんちゃに駆け回って

▶ 写真11-1 チェアスキー

©ISAO HORIKIRI

▶ 写真11-2 視覚障がいカテゴリー（B3 弱視）

©ISAO HORIKIRI

いました。木登りもしていましたし、「好きな授業は？」と聞かれたら「体育です」と答えていたぐらいです。水泳と鉄棒が得意でした。そして17歳のとき、偶然チェアスキーと出会いました。リハビリテーションセンターで開発中のチェアスキーを見かけたのです。「やってみたい」と思い、問い合わせをしてチェアスキーを体験させてくれる講習会を探しました。雪国育ちではないので、スキーウェアも知らないし、何を履いて滑ればいいのかわからない、という状態でのアプローチでした。

▶写真11-3　片足で滑る選手

©ISAO HORIKIRI

▶写真11-4　片手ストックで滑る選手

©ISAO HORIKIRI

▶チェアスキーの競技

　パラリンピック競技のアルペンスキーには、運動機能に障がいがある選手と視覚に障がいのある選手が出場します。運動機能に障がいのある選手は、チェアスキーを使って座った姿勢で滑る座位（Sitting Category：写真11-1）と、立った姿勢で滑る立位（Standing Category）、視覚障がい（Blind Category）の3つに分類され、男女別に加えて、それぞれのカテゴリーに分かれて金メダルを競います。視覚障がいの選手は、ガイドと呼ばれるスキーヤーが前を滑

り、選手を誘導します。写真11-2のようにガイドと選手がつかず離れずの距離を保ちながら、2人1組になって滑ってくる姿はとても迫力があります。スタンディングカテゴリーには、写真11-3のように片足で滑る選手や写真11-4のようにストックを片方だけ持って滑る選手がいます。

　たくさんの写真で競技を紹介しましたが、これらの競技はどの程度報道されているのでしょうか。

2 パラリンピックの認知度を高める

　ソチ大会のとき、国際パラリンピック委員会（IPC：International Paralympic Committee）がオンデマンドで競技を中継していました。今でもこのときの競技映像はYouTubeで観ることができます。しかし、ほとんどの方がこうした映像の存在を知らないのではないでしょうか。パラリンピック競技を映像で見たことがあるという人はオリンピックに比べると、まだ少ないのが実情です。また、2014年当時、日本人の選手2名が金メダルを取りました。そのときは、それなりにニュース等で報道されたのですが、1年以上たった今、覚えている人はそれほど多くないのではないでしょうか。それが、今、パラリンピックが抱えている大きな課題だと思います。

▶マーケティング

　パラリンピックの普及という課題を考えるうえで、マーケティングは重要ですが、その前段階として、パラリンピックをより知ってもらう必要があると考えています。今日は、IPCや日本障がい者スポーツ協会（JPSA：Japanese Para-Sports Association）がどのようなマーケティング活動をおこなっているか、という話の前段として、パラリンピックを知ってもらうためにどうしたらいいのか、考えてみましょう。

▶ **写真11-5　長野大会における新聞記事**

（1998年3月7日付、日刊スポーツ新聞社提供）

▶ 新聞報道

　パラリンピックという言葉を知らない人はいないと思いますが、「パラリンピックにはどのような選手がいるのか」と聞かれても、おそらくすぐに思い浮かぶ選手はいないと思います。ソチ大会といえば、羽生結弦選手や浅田真央選手の名前はすぐに出てくるでしょう。しかしながら、パラリンピックの狩野亮選手が金メダルを取ったことを知っている人はどれだけいるでしょうか。羽生選手や浅田選手と同じくらい、多くの皆さんからパラリンピックの選手の名前がスラスラとあがるようになることが、私たちパラリンピック関係者の願いです。

　皆さんに広く知ってもらうには、報道されることは大事なことです。

　写真11-5は、1998年の長野大会の報道写真です。日本で開催されたということで、長野パラリンピックの報道は当時の状況としては、かなりヒートアップしていました。当時、私はアルペンのスキーの現役選手で、冬季大会では日本人として初めての金メダリストになりました。大会初日だった同じ日に、日本チームからはバイアスロン競技でも金メダリストが誕生し、日本

選手が2人も金メダルを取ったということで、当時たいへんな騒ぎになりました。各新聞の1面を飾り、NHKでは金メダルを取りましたという速報のテロップが流れました。私たち選手自身もたいへんな歓喜の渦に巻き込まれて「あれ、こんなにスポーツ選手って人気者なのかな」と驚くくらいに突然盛り上がってきました。そういう時代を日本は経てきています。

　ただこういった報道で知られたさまざまなパラリンピックの情報も、時期が過ぎると残念ながら皆さんの記憶から消え去り、忘れ去られてしまいます。

　パラリンピックに関する国内の報道内容を分析をした研究によると、日本でのパラリンピックに関連する報道は、1998年の長野大会を境に急増しています。それ以前はほとんどありません。1994年リレハンメル大会の時は10件程度でした。ところが、長野大会のときには250件にまで膨らんでいます。ここで重要なのは、長野大会の後、2002年、2004年、2006年、2008年、2010年と2年ごとに夏冬の大会がありますが、報道は長野大会以前と比べると多い状態を維持しているということです。長野大会以降、日本は海外で開催されるパラリンピックにも多くの取材陣を送るようになってきました。私が現地で見ている感じだと、夏季大会では報道陣は約100名ほどいると思います。日本の記者の多さから、海外の選手からは日本は障がい者スポーツに関心が高い国で、パラリンピックは人気スポーツなんだね、といわれることがありますが、それくらい、ゴールエリアには、大勢の日本メディアが集まり、日本選手のコメントを求めてフィーバーしています。選手はゴールをした後、競技会場を立ち去る前に、メディアと接触をすることができるミックスゾーンを通ります。声をかけられたら立ち止まって、メディアからのインタビューに応じます。選手たちは最初にテレビ局の取材を受けて、その後、新聞、紙の媒体の人たちとお話をする流れになっています。日本選手に対する取材量は本当に多いです。2016年のリオデジャネイロ大会、2020年の東京大会では、選手がメダルを取れば、1998年長野大会同様、スポーツ紙の1面に取り上げられる可能性は高いと思います。

　人目に触れることがあればあるほど、繰り返し繰り返しニュースが発信さ

れればされるほど、人々の間にある種の刷り込みがされて、存在が当たり前になっていくということが重要だと思っています。スポーツ紙の記者に聞いたところ、1998年長野大会以降、パラリンピック選手のメダリスト誕生が、スポーツ紙の1面を飾ったことがないとのことですので、次の大会では、ぜひ1面を飾る活躍をしてほしいと思います。

▶放送での報道

　影響力の大きいもう1つの媒体はテレビです。実は1996年にアトランタ大会は放送されています。このときにテレビ朝日が報道をしましたが、後からプロデューサーの方から聞いた話では「テレビ朝日は障がい者をさらし者にするのか」という批判の声もあったそうです。実は1998年の長野大会のときにも同じような議論が巻き起こっていました。結果的には、長野大会はNHKが開会式を中継しました。NHKがパラリンピック期間中に大会をどういう番組編成で伝えるかについては、この長野大会での番組編成が今の報道スタイルのベーシックになっているようです。その日におこなわれた競技をハイライトという形で、15～30分くらいのミニ番組にして放送しています。ポイントは、この番組の本放送がNHKのEテレ（教育テレビ）であるということ。メインの放送がEテレ、再放送が地上波放送、このようなケースが長野大会以降のパラリンピック報道では多くなっています。Gテレ（総合テレビ）に比べると、Eテレの視聴率は皆さん、ご想像のとおり、決して高くありません。EテレにはNHK職員として、その制作に長く携わってきていて、私自身はよく見ているファンの一人ではあるのですが……。

　そして、問題は民放です。今まで地上波の民放でパラリンピックが中継されたことは、1996年のテレビ朝日以降ありません。なぜ中継しないのか、あるいはなぜパラリンピックについて報道しないのかというと、視聴率が下がるからだ、といわれたことがあります。民放の場合は、番組全体だけではなく、番組内の一つひとつのコンテンツに対して、このニュースの前で視聴率が上がったとか下がったかという、瞬間視聴率も取りながら番組内容を考

えていくそうです。パラリンピックに関する話題の前後に視聴率が落ちたことがあったと聞いています。

　もう1つは、民放にはそれを支えてくれるスポンサー企業があります。そのスポンサーの意向で、「障がい者スポーツをコンテンツにするのはいかがなものか」という意向が働くとき、放送をするうえでは大きな壁になります。逆に「障がい者スポーツを取り上げよう」というスポンサーの意向が強ければ、それも番組内容に反映されやすくなります。それではこの障壁をどうやって取り除いたらよいのか。この講座は中外製薬の寄付講座とうかがっていますが、このようにパラリンピックに関心を持って支援してくださる企業もあります。こういった企業の支援活動と障がい者スポーツの普及をどうつなげるかという話になるのだと思います。

　IPCによると、現在パラリンピックは世界で3番目に大きな大会です。1番目はオリンピック、2番目はサッカーのワールドカップです。

　先日、日本にIPCの会長が来日、講演された会場で、某企業の方々と、「パラリンピックを、チケット売上で世界で2番目に大きなスポーツイベントにしよう！」と盛り上がりました。IPCによると、2012年のロンドン大会ではチケット数280万枚が売れて、世界で38億人の人がパラリンピックをテレビで見たと報告しています。またソチ大会では、「日本は世界で2番目にパラリンピックを見ている人が多い国である」といわれましたが、こういう視点を強調するのは戦略として効果のある方法の1つだと思います。「スポーツを報道することは当然であり、そしてパラリンピックをこんなにたくさんの人がおもしろいと思って見に来ています」「チケットも売れています」「たくさんの人がテレビで見たいと思っています」「トリノ大会のときに比べると1.5倍くらいに視聴者が増えています」「ソチのパラリンピックのときには一番見られていたのは地元、ロシアだけれども、2番目に多かったのは日本です」……というストーリーで整理していくことは重要です。ソチ大会のときの視聴率をIPCは世界地図にして表現していますが、アメリカが地図の端の方にありますね。これは実は戦略かもしれません。アメリカのパラリンピック視聴率はご覧のように低いので、もしそれを真ん中に持ってきてしま

うと、世界全体が関心のないように見られてしまいます。視聴率の高いユーラシア大陸を中心に描いていれば、「こんなに関心があるのだな」とポジティブに受け止めてもらえます。これはたいへん重要なことです。

▶報道の功罪

日本財団パラリンピック研究会の調査によると、日本では98％の人がパラリンピックという言葉を知っていました。ドイツは97％、フランスもほぼ同じで、アメリカは70％台ですので、日本でのパラリンピックという言葉の認知度は高いといえます。しかし一方で、ソチパラリンピックを中継したスカパーの調査によれば、パラリンピックに関心があった人は30％で、関心がなかった人が50.2％で半数以上という結果が出ました。ソチ大会は日本選手が活躍した大会で、日本選手のメダル獲得があれば、ほぼ全社がニュースを放送していました。NHKを含む主要なテレビにも出ていましたし、新聞にも大体1面かスポーツ面、運動面、それから社会面あたりにはほぼ同じように出ていました。特に『読売新聞』や『朝日新聞』は、ソチのパラリンピックについてはコーナーのようなものも作って、毎日毎日さまざまな視点で取り上げていました。それでもパラリンピックに関心があると答えたのは3割程度の方でした。

この関心をどうやったらもっと高められるのか。1つの方法としては、私はやはり、直接競技を見てもらう機会を増やすことだと思っています。競技の映像を見てもらう機会がとにかく少ないのです。

▶障がいについて

ところで、障がい者スポーツというとき、アスリートをどう見るのでしょうか。次に、アスリートでもあり、障がい者でもあるという点について考えてみましょう。私たちアスリートの多くは、自分の障がいについて隠すつもりはまったくありません。「障がいは個性である」といういい方をされる方

もいらっしゃいますし、私自身もそう思う1人です。ただし大事なことは、身体に障がいがあることは事実ですが、同時にアスリートである、という視点を持ってほしいと願っています。私たちがパラリンピックを通じて伝えたいのは「障がい者が何かを頑張っている……」ではなく、「スポーツに打ち込むアスリートの姿」を皆さんに見ていただきたいということなのです。

▶伝え方──CM

CMは、ニュースや番組以外に、多くの人の目に触れるチャンスでもあります。そのCMのなかでパラリンピック選手を起用したり、障がい者スポーツをモチーフにしているものがあります。このようなCMがどのような映像表現をしているかを見ていきましょう。これから述べる見解は、あくまでも私個人のものにすぎません。皆さんがこれらの映像を見て、どのように感じるか一人ひとり考えてみてください。

まず、CMは尺がかぎられているため、見ている人の印象に残るためには、インパクトのある映像やキャッチコピーが必要です。

まずは最近、パラリンピックのアスリートが出演しているCMを例にしてみます。海外でおこなわれる大会に出場するために、世界をわたり歩いているスポーツ選手がスマートに、飛行機を使って移動していることをモチーフにして作っている映像です。こういうかっこいい選手がスマートに移動しているシーンを見せて、飛行機や電車、車の宣伝をするというのは、トップアスリートの起用方法としては、比較的、オーソドックスな手法です。起用されたのがパラリンピック選手、という点が目新しいようにも見えますが、私はこの航空会社のCMを見たときに25年くらい前のことを思い出しました。実は学生時代に、私自身も似たようなCMに出演したことがあります。

当時、その航空会社では、障がいのある人や小さな子ども連れのお客様など、搭乗するのにお手伝いが必要な人に対応するさまざまなサービスの認知向上キャンペーンをしていました。たとえば「車いすの人に車いすを空港で貸します」「身体の不自由な人は優先的に乗ってください」というものです。

そのCMのなかで車いすで飛行機に乗って快適なサービスを受け、海外でおこなわれたスポーツ大会に出場し、競技を楽しみ現地の人たちと交流する、というストーリーだったわけですが、当時私はアスリートとして出演させていただきました。こういうスタイルのCMは昔から時々あったという事例の紹介でした。

　パラリンピック選手が起用されている別のCMも紹介しましょう。海外で放送されているCMです。ヨーロッパではパラリンピック選手のなかにもタレント活動をしている選手がいて、企業のCMに数多く出演している選手もいます。オランダのテレビCMには義足の選手が枕のCMに起用されていたりします。足の障がいと枕は直接関係ありませんが、「美しい女性アスリートの睡眠を支えているのがこの枕」というイメージアップのために、起用されたりもするのです。日本だとここまで「アスリートタレント」としてパラリンピック選手をCMに活用している事例は、今のところないと思います。

　日本のCMをもう1つ紹介します。おむつのCMですが、チェアスキーの選手が出演しています。このCMの制作は私自身が企画段階から、広報会社の業務として関わった事例の1つです。意外性を狙いました。交通事故などで脊髄という神経を損傷すると、下半身が麻痺しますので、車いすを使って生活するわけですが、排泄をコントロールすることも難しくなるので、おむつを使う人が多いのです。出演している2人の選手も使っていますが、こうした事実は、パラリンピックの世界ではよく知られた話ですが、おむつメーカー自身はご存知ありませんでした。

　そこで、メーカーに障がい者スキー連盟のスポンサーになっていただき、選手に商品提供してもらい、選手たちは使っている商品のどのようなところが良いか、通気性の問題はどうだといった使用感や、トレーニングのときはこの商品、日常生活ではこれが使いやすい、など使用シーンも含めて、話をしていったのです。こういう選手とメーカーとの交流を何度か繰り返すうちに、選手を起用したCMの企画が出てきました。この話があったとき、選手たちは、「私たちは喜んで出演しますが、おむつを使っていることをあえてさらけ出すことになるので、できるだけかっこいいものにしてください」と

出演にあたっての要望や条件を出しました。その結果、生まれたのがこのCMで、反響が大きく、インパクトのある広告に贈られる大きな賞も受賞しました。

　次は、日系企業のアメリカでの企業広告の事例です。出演しているのは、アメリカでは非常に有名な両足義足のスノーボーダー、エイミー・パーディ選手です。モデルとしても活動している方です。このCMはスーパーボールの中継の合間に流されたそうです。スーパーボールの視聴率は49.8％でした。全米でものすごい視聴率を誇るスーパーボールのなかでCMとしてオンエアされたので、相当高額な宣伝費がかかったはずです。そういう影響力の大きなCMにパラリンピック選手が起用されていることは、企業としての姿勢を表している点でとてもかっこいいと思いますし、何よりもアメリカの半分の人にパラリンピック選手のかっこいい映像を目にする機会を作ったというのは、影響力の大きさとしても重要な点だと思います。

　最後は、ロンドンパラリンピックのときにイギリス国内の大会放映権を獲得した「チャンネル4」のCMです。選手のかっこよさにフォーカスしたCMで、「パラリンピックを見よう！」という宣伝だったわけですが、非常にインパクトのある映像でした。この映像は日本でもたいへんな話題になりました。映像の組み立て方や選手を撮影するアングル、視聴者に与えるインパクトが常に計算されて作られています。意外性もあります。ステレオタイプのタレントの使い方ではありませんでした。どう撮影したら彼らがかっこよく見えるのかというのを、緻密に分析して作られています。

　2020年東京大会に向けて、日本の優秀なクリエイターのなかには、こういった映像を超えてインパクトがあったり、共感を生むような映像をどうやって生み出そうかと考えている人たちがいます。私はまだまだアスリートの起用方法はたくさんあると思います。もっとひねりや洒落やインパクトをもって、企業が競い合って広告を考え、アスリートを起用してくれるようになったらよいと思います。そういうCMが日常的にテレビ番組の合間に流れる社会になると、パラリンピックの選手もオリンピック選手と同じように知名度が上がり、皆さんの頭にパッと浮かぶようになるのではないかなと思っ

ています。

3 質疑応答

学生Ａ（教育学部４年） ▶ 海外ではパラリンピックの選手でありながらタレントとしても活躍する人がいるなかで、日本では、テレビ朝日に寄せられた批判のように「障がい者を見せものにするな」という認識があります。この認識の海外とのギャップには、日本の特有のものがあるのでしょうか。

大日方 ▶ そうですね。日本特有の文化的背景が影響していると思います。今までは、日本は画一的な社会だったと思います。障がい者に対するステレオタイプ像ができ上がっていて、特に障がい者に対しては「自分たち『健常者』とは別の世界にいる人」という見方が強いのですね。結局これをどう乗り越えるかです。気がついたら自分の身近なところにパラリンピックの選手がいた、という世界をどのように構築していくかが、1つの鍵です。

学生Ｂ（文化構想学部） ▶ パラリンピックは4年に一度の集中的な取材後は、取材が後退するということでしたが、それによって起こる問題点などをもう少し詳しく教えてください。

大日方 ▶ 取材に連続性がないということですね。取材をする記者は、毎回代わってしまうことが多いのです。ですから、パラリンピックを取材する記者が、大会のたびにゼロから取材をし、4年ごとに似たような報道をするという傾向はあります。取材者の視点としては、それではなかなか深い内容を取材しにくいですし、「ある選手が何年にもわたってパラリンピック出場を目指して挑戦を続けた」という事実があっても、その期間の映像がないために伝えられない、などということが起こるのがもったいないです。

荒井 ▶ 世界選手権になりますとほとんど放映されません。メディアに注目されないというのは問題で、ここも変えていかなければなりません。

大日方 ▶ 新聞社など、一度報道するとやめることの方が難しいことがあります。取材をしない、という決断は難しく、企業の協賛も同じ傾向があるかも

しれません。一度始めた取り組みをやめる決断をするには、始めることと同じくらいエネルギーがいることもあるので、報道などは一度始まれば、続きやすいということもいえると期待しています。

平田 ▶ 女子サッカーのなでしこは、ドイツ大会で優勝してロンドン大会は2位、それから今年も2位と絶好調です。しかし、勝ち続けないかぎり彼女たちにはサッカーをする場所がありません。なでしこリーグもお客さんが入るわけではないですし、勝ち続けなければ、やり続けなければ難しいのです。サッカーができないこと、イコール、仕事もなくなるということです。サイドバックの有吉佐織選手も、仕事しながら選手生活を持続させています。また、サッカーで知られているから仕事がある、という選手もいます。パラリンピアンもどんどん知られてきたから、企業のコマーシャルに出してもらえるのだと思います。私は、1996年にパラリンピックを放送した民放に「障がい者をさらし者にするのか」というクレームが来たことを初めて知りました。ここが一番のショックでした。企業にとっても「障がい者を使って金儲けをするのか」このようにいわれるのが一番つらいです。この一瞬躊躇する「心の壁」、これを取り払うことは大事なのではないでしょうか。企業と社会がつながって、人々の心の壁を取り払う、その役割として、パラリンピアンがコマーシャルに出る。この意義を、今日は学ぶことができました。

第12章

パラリンピックを支援する企業の取り組み

荒井秀樹（あらい・ひでき）

Summary

● 現在、パラリンピックについて、企業がさまざまな取り組みをしています。本章では、日本で初めて実業団チームを作り、メダリストを輩出し、現在も次のパラリンピックに向けて支援活動を広げている日立ソリューションズの取り組みを例に、企業と障がい者スポーツとの関わりについて学びます。パラリンピックの企業による支援のあり方や課題にはどのようなものがあるのでしょうか。

1 企業の社会的貢献とパラリンピック（障がい者スポーツ）

▶ソルトレイク大会の惨敗から考えたこと

　私の所属している会社は、株式会社日立ソリューションズです。日立グループにおける情報通信事業分野の中核企業として、さまざまな分野で事業を展開しています。その中に夏のパラリンピック種目の車いす陸上競技部と冬のスキー部があり、創部からもう10年となりました。チーム名は「チームAURORA（アウローラ）」です。「AURORA」にはイタリア語で「夜明け」の意味があります。「障がい者スポーツの夜が明けていくように」と、創部

当時の事務局の方が名づけてくれました。

　さて、日立ソリューションズは、日本で初めて障がい者スポーツの実業団チームを作った会社ですが、そのきっかけについてお話しましょう。

　1998年の長野大会では、日本選手はたいへんな活躍を見せてくれました。しかし、4年後のソルトレイク大会は惨敗でした。それは、欧米各国がパラリンピックを国策として推進する流れに変わり、強い選手が出てきたことがあげられます。また、ドーピング問題が顕在化したのもこの大会です。世界の流れが、パラリンピックを「勝つ」ためのスポーツとして位置づけ始めたなか、日本はまだその流れに追いついておらず、成果を出すことができなかったのです。

　私は、日本のこの状況のままでは、「世界で勝つことは、難しいのではないか」と考えていました。当時、パラリンピックは厚生労働省が所管していました。オリンピックはスポーツ分野として文部科学省が管轄していますが、オリンピックに比べ、予算も少なく練習環境も劣悪でした。今ではパラリンピック選手も活用できるナショナルトレーニングセンターや国立スポーツ科学センター（JISS：Japan Institute of Sports Sciences）も、当時はまだパラリンピックの選手は管轄の違いから使えなかったのです。私は、国の法律や制度を変えるのはとても時間のかかることだろうと思い、「それなら、パラリンピックを目指す企業スポーツ、実業団チームの創部ができないか」と考えついたのです。

▶ 障がい者の雇用とスポーツ

　「企業による障がい者（スポーツ）への支援」というと、どのようなものがあるのでしょうか。私は大きく分けて3つあると考えています。

　まず、障がい者スポーツ選手を雇用し、支援する企業です。日本は、障がい者の雇用対策として、法定雇用率を定めています。それは2013年に1.8%から2.0%に引き上げられました。また、これまでは200人を超える中小企業が対象でしたが、2015年4月から100人の規模に変わりました。

私は、その雇用において、できるだけ多くの障がい者スポーツ選手やパラリンピック選手を採用してほしいと考えました。それは選手の練習の環境作りにとても役立つからです。また、選手が引退した後の仕事の確保にもつながります。実際、このようにしてパラリンピック選手を支援する企業が増えてきました。たとえばエイベックス・グループは「エイベックス・チャレンジド・アスリート」を立ち上げ、障がいを持ったアスリートの雇用とスポーツ活動に付随するさまざまな支援をおこなってきています。

　次に、社会貢献活動として支援する企業です。競技団体や大会をスポンサードする企業がたいへん多くなってきました。そして、その活動を情報発信するようになってきたのも最近の特徴です。

　そして、企業の実業団チームとして、パラリンピックに取り組むということです。これは企業への提案ともいえますが、2000年から2003年にかけて、当時の経済状態を反映して企業スポーツはどんどん廃部になっていきました。しかし、企業は経済活動とともに、社会への貢献という大事な役割を担っています。そこで障がい者スポーツを、企業スポーツの選択肢の1つとして加えることはできないかと考えたのです。

2 日立ソリューションズの取り組み

▶スキー部設立につながる出会い

　私は、2002年のソルトレイク大会が終わるとすぐに企画書を作り、企業回りを始めました。当時、私は、東京都特別区の職員で、ボランティアとしてパラリンピックチームの監督をしていました。企業にスキー部を創りたいという気持ちは強くなっていましたが、実現できずにいました。

　しかし、強く望めば引き寄せるのか、2004年の6月、新潟での知人の結婚式の帰り偶然同じ式から帰る方が隣の席に着かれ、大学の先輩と知り、「企業でパラリンピックのスキー部を創りたい」「こんな選手がいるんです」な

図表12-1 「チームAURORA」設立の経緯

当時の会社状況
3つのキーワードをもとにシンボル
となる"何か"を探していた……
①社員の一体感醸成と士気高揚
②ダイバーシティの推進
③世界と戦い、世界に勝つ
　（グローバルな人財育成の象徴）

障がい者スポーツ界の実情
才能があり、高い志を持って世界を
目指す有能な選手はいるが……
①競技・練習環境が整っていない
②活動資金が少ない
③競技人口が少ない
　（底辺が浅い）

日本初の本格的な障がい者スポーツチームとして、
2004年11月に設立

【支 援】

【会社としての支援】
・練習環境の提供　・用具開発
・動作解析　　　　・資金援助
・雇用の確保　　　　etc.

【社員の支援】
・後援会を組織し、チーム（選手／
監督）を後押しすべく、応援する

どと話をしました。その相手が、日立ソリューションズの前身である日立シ
ステムアンドサービスの役員、渡部勤さんでした。

その後、8月にニュージーランド合宿の最中に、現地から渡部さんへ、合
宿の様子を書いた絵はがきを送りました。渡部さんは、私が「企業にスキー
部を創ってほしい」といっていたことを覚えていてくださり、社長や他の役
員の方に話してくださいました。2004年8月といえば、アテネオリンピック
大会の真っただ中で、役員会で「会社として、一体感を持てるようなシンボ
ルスポーツが何かできないか」と勉強会を開いていたようです。そこで、障
がいのある方たちへのサポートができるパラリンピックのスキーは、他社に
も例がなく斬新で良いのではないかと、注目していただくことができまし
た。

帰国後、会社に出向いて、スキー部創部について、「スキー部のなかに
ジュニアスキークラブを設立する」「選手だけでなく、コーチなどのスタッ
フ体制も作る」ことや、トレーニング環境の整備や国内外の合宿が必要なこ
とも訴えました。

当時、日立ソリューションズは、「ダイバーシティの推進」「グローバルな

図表12-2 企業スポーツの必要性

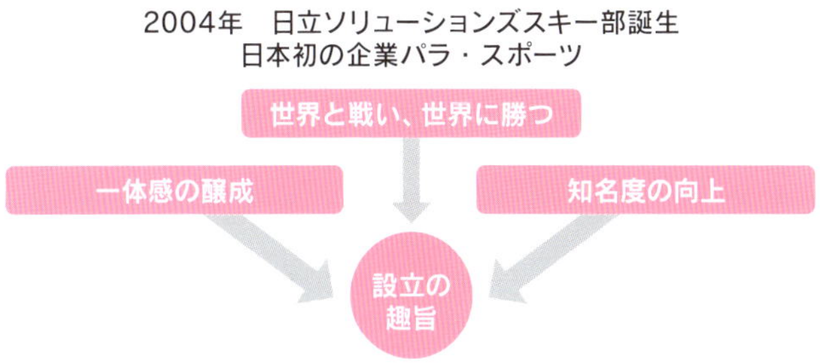

2004年　日立ソリューションズスキー部誕生
日本初の企業パラ・スポーツ

世界と戦い、世界に勝つ

一体感の醸成

知名度の向上

設立の趣旨

図表12-3 発足メンバー

職名	氏名	主な戦績・役職	障がい内容	備考
監督	荒井秀樹	全日本障がい者チーム監督	健常者	
選手	長田弘幸	ワールドカップ金メダリスト	脊髄損傷	
選手	小林深雪	長野パラリンピック金メダリスト	先天性視覚障がい	
ジュニア	太田渉子	ワールドカップ入賞	先天性左手指欠損	中学生

人財の育成」が課題でした。人材の「材」は財産の「財」を使います。社員の育成がそのまま企業の発展、社会の発展だとしています。その意味で、パラリンピックに出場する選手を育てることは、ひいては、会社にも社会にも「財」をもたらす大きな可能性を秘めているのではないか、と考えてくださり、スキー部創部の運びとなりました。

▶スムーズにいかなかった役員会議

しかし、社内にはパラリンピックの認知度が低く、「前例がない」「まだ早すぎる」という意見もありました。

スキー部創部を提案する役員会があり、私は長田弘幸選手、小林深雪選手と一緒に役員会に出席し、2人とも一緒に実情を訴えてくれました。

長田選手は、実業団チームを考えてくれていることへの感謝と、スキー部

ができれば練習環境も充実するので、ワールドカップやパラリンピックのトリノ大会で金メダルを取りたい、と訴えました。

　小林選手は、中央区の特別擁護老人ホームで働きながら、長野大会で金メダルを取りましたが、その後、トレーニングに打ち込みたいと考え、仕事をやめて、アルバイトをしながらトレーニングや海外の遠征をこなしていました。視覚障がいを持つアスリートとして、トレーニングや海外遠征も、ガイドランナーの費用も自分で賄っていることを話してくれました。また、小林選手は、あん摩マッサージ指圧師の資格を持っているので「採用していただいたら、社員に向けたマッサージができます」とさまざまな意欲を示しました。

　役員の方々は、選手たちの高い目標やさまざまな訴えに耳を傾け、とても感銘を受けられ、スキー部創設が決定しました。

　小林選手は、日立ソリューションズに採用された後、社員向けのあん摩マッサージ専門の部所を作り、マッサージ業務を始めました。パラリンピックの金メダリストにマッサージしてもらえると社員の方々に好評でした。これも、選手と社員の交流の機会にもなり、社員によるスキー部の応援にもつながっていきました。

▶船出

　2004年11月、いよいよ、日本で初めての障がい者スポーツの実業団チームが生まれました。設立にあたり、会社は3つの目標を掲げました。

　第1に、勝利すること。そのために、会社の事業の一環として、4年間の中期計画を立てることと、上期・下期の目標値を決めること。次に、株主、お客様、社員などのステークホルダーに対する取り組みをしっかりやること。最後に、社会貢献をどのように進めるか考えること。この3つの要素は、企業スポーツが、経済活動に惑わされることなく、発展していくために必要不可欠です。この3つを軸にしっかり取り組んでいこうと皆で決意しました。

　発足メンバーは、監督の私と、選手の社員が2人です。さらに、ジュニア

▶写真12-1 小林深雪選手(右)と太田渉子選手(左)

小林選手は金・銀メダル、太田選手は銅メダルを獲得。

▶写真12-2 日立ソリューションズ「チームAURORA」

スキークラブを作ってもらい、そこに中学生だった太田渉子選手を入れました。当時ミキハウスに、まだ高校生だった卓球選手の福原愛選手がいました。ミキハウスは卓球のジュニアチームを作って選手を強化しており、これを参考にしました。

▶車いす陸上部の設立 ── 一層の普及のために

　スキー部が発足して2年後の2006年トリノパラリンピック大会では、小林選手が金メダルと銀メダル、そして、当時、大会最年少だった太田選手が銅

メダルを取りました。

このとき、私はインタビューで、「企業による取り組みが素晴らしい成果を生んだのだ」ということを強く訴えました。そして、今では、多くの企業が支援事業をおこなってくれるようになりました。その後、2010年のバンクーバー大会では新田佳浩選手が2つの金メダル、太田選手も銀メダルを取りました。2014年のソチ大会では久保選手が銅メダルと活躍をしています。

日立ソリューションズは、現在、スキー部と車いす陸上競技部の2つの部が活動をしています。なぜ、冬だけではなく、夏の方も始めたのかといえば、4年サイクルでは、パラリンピックの普及には時間がかかりすぎるという事情があります。皆、パラリンピックの開催のときは盛り上がるけれど、終われば下火になり、そのまま月日がたってしまいます。これを、4年ではなく2年サイクルにして、企業チームとして社員の方々に常にアピールできるシステムを作り、応援してもらいたいと考えたのです。夏・冬パラリンピックで活躍する社員、「チームAURORA」のポスターが、日立ソリューションズの社内にも、日立グループの企業にも貼ってあります。

▶選手強化の4つの柱

さて、スキー部を強くしていくために、①インフラの整備、②選手の補強、③医科学的なトレーニングの開発、④用具の開発、といった4つの柱を立てました。

まず、インフラの整備ですが、練習場の確保です。たとえばバイアスロンはエアライフルを撃ちますが、国内で練習するには、銃刀法の許可が必要です。国内では、札幌市西岡の自衛隊の練習場にありますが、隊員以外の一般の選手は使えません。したがって、フィンランドやドイツに行って練習するしかありません。そうした状況を変えようといろいろと努力してきましたが、どの場所も法律的な側面がうまくいかず断念しました。現在は、網走市と協力して、網走で射撃できる環境を整えることができています。

次に、選手の補強です。トリノ大会後に新田選手を日立ソリューションズ

で採用しました。彼は筑波大学を卒業してアディダスに入社しました。そしてアディダスでパラリンピックの選手として活動していました。トリノパラリンピック後、本人も選手を続けるかどうか悩んでいました。しかし、選手を続けたいということと、私も伸びしろのある選手だと思い、弊社に入社してもらいました。会社では、彼がアディダスでおこなっていたプロモーションの仕事のノウハウを弊社の仕事に生かしてもらいたいと思

▶写真12-3 2007年ワールドカップ、バイアスロンで総合優勝を飾った太田渉子選手

い、セールスプロモーションの仕事に就いています。

　ジュニア選手だった太田選手は、2004年から2006年までワールドカップやパラリンピックで上位の成績を収めていました。会社として2006年から4年間、フィンランドのソトカモ高校にスキー留学をさせました。この高校には世界中からスポーツ選手が集まるクラスが1クラスあり、英語はそこで学べます。また、ボッカティスポーツトレーニングセンターがあり、そこでスキーを指導するという体制を作りました。英語のサポートをする人、テクニカルトレーナー、メンタル的な側面をフォローする人も含めたコーチ3名と契約し、彼女をサポートしました。その結果、2007年のワールドカップで金メダル、2010年バンクーバー大会では銀メダルを取るまでになりました。2014年のソチ大会後に現役を引退し、現在は弊社の総務部で働いています。

　次に、医科学的な支援としては、動作解析等をおこないました（図表12-4）。同じ脊髄損傷の選手のフォームを研究し、どこがどのようにストロークしているのか、重心の位置やポールのつく角度を分析しました。脊髄損傷の選手においては、みぞおちの下はほとんど動きませんので、違いを出せるのは首や肩周りの筋肉や頭周りです。このようなデータを取りそれを数値化して、より良く使える部分の強化につなげます。このように数値化することで、パラリンピックの選手強化に積極的に生かしていきました。

図表12-4 フォームの分析

長田選手　　　　　セルゲイ　　　　　　　　　　　ミカエル

・（長田）は前傾が浅く、直立に近い。
・（長田）はポールを突くと身体が上に伸びてしまう。
・（長田）は肩が横に広がり脇があいてしまう。
・ミカエルの体幹前傾角度は大きい。頭、頸部の動きをうまく利用し体幹運動を起こしている。

　また、クロスカントリースキーは気候や雪の積もり方など、コースの状況が時間帯などによって異なるので1kmあたり何分何秒で走ったかということは、勝敗には関係ありません。しかし、会社から「タイムを基準にして順位がつけられるのだから、タイムを分析して強化するように」という方針が出されました。そこで、1kmあたり何分何秒で走っているのか、全選手のデータを会社が取ってくれたのです。クロスカントリースキーは上りの坂道が3分の1、下りが3分の1、平地が3分の1というように、3分の1ずつでコースがレイアウトされています。コーチも選手自身も、これまでは、どのコースが得意か不得意なのかを知りませんでした。各選手の上り下りの実測値を出し10km換算にすると、その差がわかるようになっています。その実測値を、実際の試合に当てはめて計算すると、その選手とライバル選手との差は同じようなものでした。

　たとえば長田選手は、上りに27分もかかっています。速い選手は14分で上ります（図表12-5）。逆に、下りになると、長田選手が速い。ここを強みととらえ、もっと速くなるように工夫することにしました。そして体育座りのように、膝をお腹に十分くっつけることができるようなシットを開発しました。ちょうど腹筋がかかるような形になります。これによって滑走性がより高まります。このように一人ひとりの能力に合わせて、強化できるトレーニ

図表12-5 上り・下り・平地のコース別のタイム比較

上り（推計3.3kmタイム）

選手	タイム
長田	27.26
ミカエル	21.09
オリバー	17.35
ユーリ	17.31
セルゲイ	16.13
タレス	14.33

（分）0.00 5.00 10.00 15.00 20.00 25.00 30.00

下り（推計3.3kmタイム）

選手	タイム
長田	4.06
ミカエル	6.37
オリバー	4.50
ユーリ	5.00
セルゲイ	5.03
タレス	4.40

（分）0.00 1.00 2.00 3.00 4.00 5.00 6.00 7.00

平地（推計3.3kmタイム）

選手	タイム
長田	12.34
ミカエル	12.32
オリバー	11.41
ユーリ	11.16
セルゲイ	10.53
タレス	11.14

（分）9.50 10.00 10.50 11.00 11.50 12.00 12.50

合計（推計10kmタイム）

選手	タイム
長田	44.06
ミカエル	40.18
オリバー	34.06
ユーリ	33.47
セルゲイ	32.09
タレス	30.27

1位と13・79秒の差がある

（分）0.00 10.00 20.00 30.00 40.00 50.00

ングメニューを作っていきました。

　数値化は選手たちのモチベーションの維持にもつながります。順位だけで説明していたものを、「1位に上りで13分の差」「14分負けていた」「1kmは平均すると82秒だった」というように、具体的に細かくして伝えます。そうすると、その「0.7秒」という数字が自分が超えていくための具体的な数字になります。これは選手を伸ばすうえでたいへん効果的でした。

　そして、こういったタイム差の評価を目標として据えて、その達成度によって、選手を査定する評価にしました。会社として、スキー部員も他の社員と同じシステムのなかで育てていくという取り組みは、選手の意識を変えることにつながり、成果の実現に向け選手たちも頑張りました。

▶ソチ大会に向けた支援──企業ならではのノウハウ

　2014年のソチ大会に向けたプロジェクトは、ソチのコースを日本にいても体験・トレーニングできるシステムです。ソチ大会の問題は、本番になるまで、他国にコースが公開されていなかったことです。選手がコースを見て雪質やワックスの状態を考えるのに重要な日当たりについて確認するなど、勝つために必要な戦略を練ることができませんでした。

　日立ソリューションズには、地図情報を活用する部門があります。そのノウハウを使い、ソチのコースを分析して、同志社大学にあるトレッドミルを使ってコースの起伏などを再現してみようということになったのです。前年のテスト大会のときにコーチ陣がGPSを身につけて、ソチのコースを回って地形情報を持って帰りました。それと、コースを走りながらカメラで撮ってきた映像を加工処理したものとを合わせて、トレッドミルで再現しました。選手が走るスピードに合わせてコースが動く、バーチャルな練習場です。

　このおかげで、ソチのコースに沿って心拍数を見たり乳酸の数値を考えたりできるようになりました。ソチのコースを国内で体験・トレーニングできる環境が実現したのです。

　企業が選手強化に取り組むとき、練習環境を与えるだけでなく、企業が持つ独自のノウハウを使いながら、勝つための戦略を一緒になって考えていくというのは、とても大切です。これが、企業スポーツの発展にもつながると思います。日立ソリューションズは、会社の各部門を通じて全面的に支援してくれました。

▶応援団(ファン)を増やす

　企業との関わりのなかで、応援団を増やすということも大事なことです。日立グループ全体から、お客様から、そして社員からも応援をもらう。こういったことを目標としたとき、どのような活動が効果的かを考えることは大切です。

図表12-6 ソチ・センターポールプロジェクト

```
ソチ・コースシミュレーション                      メンタルサポート
        プロジェクト

当社技術を結集                              日立ソフトボール部
  ・GIS（地理情報システム）                    コーチ招聘計画
  ・映像
```

```
        3    1    2              高地対策

                                低酸素テントを導入
  日立ソリューションズ スキー部
```

```
   後援会による応援                        スペシャルワックス

法人・個人会員（約4300名）                   日本メーカーと共同で
応援による 選手の士気向上                    ソチオリジナル開発計画
```

図表12-7 ソチコースのシミュレーションシステムとは

スクリーン 走行に合わせて風景が変化

傾斜を
矢印で表示

コースの全体図と
走行区域を表示

心拍計測機

安全ロープ

走行ローラー
地形に合わせて傾斜や速度が変化

「AURORA」社員後援会応援ツアー

◆2014年度の実績
　のべ240名の後援会員の方が参加！
　・2014年11月「大分国際車いすマラソン大会」　　　60名
　・2015年2月「ワールドカップ北海道旭川大会」　　150名
　・2015年3月「ジャパンパラ長野白馬大会」　　　　30名

　日立ソリューションズでは「チームAURORA」のホームページを開設しています（http://www.hitachi-solutions.co.jp/company/aurora/）。そこにブログも併設されていますが、選手のことだけではなく、パラリンピックのルールやクラス分けについても、わかりやすく説明しています。このブログのアクセス数を解析して、毎月の指数を出してもらい、ファンを増やすための考案の参考にしています。

　次に、地域の皆さんとの関わりですが、本社は東京都品川区にありますが、京浜急行の最寄りの駅から青物横丁商店街を500mくらい歩きます。その途中に、選手の名前と「ソチパラリンピック出場おめでとう」という垂れ幕やポスターを、商店街に貼ってもらいます。監督や選手が交流して、認知度を高めます。また会社の講堂では、大会の模様のパブリックビューイングも開催しました。

　夏と冬の両方のパラリンピックの応援体制を地域と一緒になって作れているのは、品川の地域の皆様のおかげだと思っています。

　お客様についても同様です。パラリンピックの実業団チームがあることを知ってもらうために、「チームAURORA」のキャラクターデザインを施したアイテムで「お客様へのセミナー」でもスキー部をPRしパラリンピック

を知ってもらうことができました。また、日立ソリューションズでは、パラリンピックの大会が始まると、「チームAURORA」のピンバッジを作製します。お客様から「これは何ですか？」と聞かれ、「うちのパラリンピックの選手が、大会に出ていますので応援してください」と説明します。こうした応援の輪を広げるための工夫をおこなっています。

久保選手が出演した日立製作所制作の広報動画があります。動画には、こうあります。

> 車いすのアスリート、久保恒造。彼は過去に大きなものを失った。しかし、持っているものを最大限に生かして、蘇った。「僕のふるさと北海道。北の大地が僕に輝きをくれた」。そして今、新たな夢に向かって走り始める。日立グループは、北海道から世界を目指します。

こういったプロモーション活動は、社員や株主、お客様、地元の皆様に、パラリンピックや企業の支援活動を知っていただくために、たいへん役立っています。

▶会社の後援会組織

より身近な応援部隊は、やはり社員です。会社にスキー部の後援会組織を作ってもらうようお願いしました。現在、「チームAURORA」は、事務局を総務部に置き会社の事業として取り組んでおり、この社員後援会は、月300円の会費制で運営しています。スキー部の成績が、社員の後援会の加入率にも関係しています。したがって、競技を頑張らなければなりません。それと同時に、社員の方々と普段から接して、パラリンピックを知ってもらい、「一緒に世界を目指す」という雰囲気作りも大事なことになります。

2004年に始めた頃は、社員後援会への加入者は226人でした。今では、4534人にも増えました。

社員後援会では、パラリンピック応援ツアーを企画し、ソチ大会には50

▶写真12-4 社員運動会でのパラリンピックの体験コーナー

名を超える社員の方が応援に来てくれました。実際に観てもらうと「パラリンピックってすごい！」とやはり皆さん感動してくれます。

　また、後援会組織の良いところは、社員とその家族が一緒になって応援できることです。大会への出発前、帰国後は報告会を開き、皆さんの応援への感謝と成果について伝えることを欠かしません。

　このように会社一丸となったパラリンピックの支援、選手、「チームAURORA」は、さまざまな方面から評価され、2015年には文部科学大臣賞をいただくことができました。

▶会社主催のパラリンピック普及活動

　日立ソリューションズは、パラリンピックの普及の取り組みも積極的におこなっています。パラリンピックについて知ってもらうために、品川区の少年野球チームと交流しました。また障がいのある子どもたちと触れ合うことのできるイベントの開催をしています。視覚障がい者を対象にしたクロスカントリーの教本も作りました。

　1998年の長野パラリンピック以来、日本では障がい者のワールドカップが開催されていませんでした。ワールドカップ日本開催は、パラクロスカントリースキー関係者の悲願でした。そこで、日本にパラリンピックを広げる

▶写真12-5 2015年IPCワールドカップ旭川大会

　ことを目的として、2015年2月に北海道でワールドカップを開催しました。国際大会にはたいへんな費用がかかります。スポンサー料は、Ａタイプ200万円、Ｂタイプ50万円、Ｃタイプ5万円としました。Ａタイプの場合、全部で5レースで着用するビブス（識別用のベスト）に企業名が入ります。Ｂタイプの場合、バナーを会場に出すことができます。Ｃタイプはプログラムに載る、という内容です。この3つのタイプで2500万円を目標にしました。ご支援をいただくときの私たちの考えは、「広く、浅く、長く」という3つの要素を大事にしました。

　選手たちにも、応援をもらうために協力してもらいました。

　選手自身が企業向けにメッセージを動画で配信しました。そのときのビデオがあります。大学生の阿部友里香選手のビデオレターです。阿部選手は、日立ソリューションズジュニアスキークラブの部員です。

　　阿部友里香 ▶ 皆さんこんにちは。阿部友里香です。いつもたくさんの応援ありがとうございます。私は今18歳で大学1年生です。私の障がいは、左腕機能障がいといって、普段の生活では支障がないですが、競技をするときに、左手が右手と同じように振れないことや、ストックを持つことができないので、このようなバンドを体につけていつも競技をしています。

▶写真12-6 「グリーンジャケット」ボランティアの皆さん

▶写真12-7 フランスチームが小学校を訪問

　私の出身は岩手県沿岸北部の山田町です。4年前震災の被害にも遭いました。当時私は中学3年生でした。全国の皆さんからたくさんの支援をいただいて本当に感謝しています。ありがとうございました。

　私の家族は現在、地元で仮設住宅で暮らしています。私が頑張ることで、地元山田町のためや、東北の復興につながることを願って、パラリンピックで頑張ることを決意しました。そして多くの人たちに片手一本でも速く、力強く滑る姿を見てもらいたいと思っています。

　私の夢はパラリンピックで金メダルを取ることです。今、一番気を付けていることは左右バランスよく滑ることです。このクロスカントリースキーは細くてそしてとても軽いです。また、つま先しか固定しないのでかかとも浮いてしまいます。自分の身長よりも20cmくらい長い板を使用します。なのでカーブや下り坂などはとても不安定でバランスを取ることが難しいのですが、しっかりスキーの上に体重を乗せることを心掛けて、腹筋や体幹を意識しながら日々練習に取り組んでいます。

　来年の2月に北海道の旭川で初めてパラリンピックのワールドカップが開催されます。世界中のパラリンピック選手や、私たち日本チームの滑り、そして私の滑りをぜひ応援してください。機会があれば会場

> まで足を運んでいただけたら嬉しいです。私も頑張りますので応援お
> 願いします。

　ワールドカップは、大盛況のうちに終わりました。メディアにも多く取り
上げてもらうことができました。「グリーンジャケット」と私たちは呼んで
いましたが、ボランティアの方も400名ほど集まっていただき、大会をサ
ポートしていただきました。海外の選手たちも地元の学校を訪問してくれ
て、子どもたちと交流することもできました。

　ワールドカップの参加国は9カ国でした。日本は残念ながら金メダルは取
れませんでしたが、銀メダルと銅メダルを取りました。アジア各国の選手は
頑張っていますが、やはり北欧に比べるとウィンタースポーツはまだまだこ
れからです。ただ、次は韓国の平昌（ピョンチャン）大会があります。その次
は、中国の北京、2026年は札幌が立候補を予定しています。そうなると、
アジアでの大会が続きます。アジアの冬季パラリンピックでの、選手たちの
強化はほとんど進んでいませんが、日本も含め、これからどんどん強くなる
でしょう。私たちはアジアのパラウィンタースポーツを牽引できるチーム作
りを一層進めていかなくてはなりません。

　このように、日立ソリューションズの障がい者スポーツ支援について紹介
しましたが、こうした企業チームとしての多くの取り組みは、国際大会を開
く原動力にもなりましたし、選手たちを世界で勝たせる原動力にもなってい
きました。これが、日立ソリューションズが障がい者スポーツを支え、パイ
オニアとして10年間続けてきた活動です。

３ 質疑応答

学生Ａ（商学部４年）▶ 2004年頃は、企業から支援をしてもらうには、たい
へんな時代だったと思いますが、選手が直接訴えたのが非常に効果的だった

ことが印象に残りました。心に訴えるというアピールの方法は今後も、企業からどのように応援してもらえるかということを考えるとき、重要なファクターになると思います。

学生Ｂ（スポーツ科学部）▶「休廃部が多いときにこそ、パラリンピックスポーツを企業で広めていく意義がある」というお話でしたが、実際に、日立ソリューションズにスキー部が創設されたことで、経済面などに直接的な影響（効果）は、どれほどあったのでしょうか。

荒井 ▶ ダイバーシティという、多様性の促進が企業のパフォーマンスをあげる、という考え方が非常に大事ではないでしょうか。スキー部の活躍が日立ソリューションズという企業の知名度をあげることにつながっていっています。

　何よりも大切なのは、「企業に勤める人が、自分の働く会社をいかに誇りに思えるか」です。仕事へのモチベーションにもつながります。スキー部の私たちが何かを売って利益をあげるということは、直接的にはできませんが、知名度を上げていくことで、社員も誇りを持ち働きやすい環境になりますし、また、先ほど述べましたように、営業活動にもつながります。回り回って、スキー部の創設が経済的な効果につながっていると考えています。

第 13 章

2020年東京大会に
向けて

河合純一（かわい・じゅんいち）

Summary

● 本章では、2020年の東京大会に向けての課題や抱負についてお話します。

1 国内の取り組み

それでは、2020年の東京大会に向けた課題や抱負についてお話しましょう。

大会ビジョンとして「スポーツには世界と未来を変える力がある」というビジョンを東京オリンピック・パラリンピック競技大会組織委員会が掲げています。招致のときからさまざまな活動をしてきたなかで紡ぎ出された言葉の数々や、皆さんから作文などを募集をして得られた言葉から、こういう方向性が生まれました。

▶3つのビジョン

そのビジョンには大きく分けて3つあります。1つは全員が自己ベストをつくす、1つは多様性の理解と調和の実現、1つは未来への継承です。

自己ベストというのは、アスリート本人が自己ベストを目指すということは、オリンピックもパラリンピックも競技大会なので当然の話です。それ以外にも、アスリートたちが自己ベストを出せるような環境を作ろうという思いも込められています。つまり、「観客も会場に行って、一生懸命いろいろな国の方々の応援を全力でしよう」ということや、「ボランティアで関わってくださる方々も全力でおもてなしをしよう」ということなど、選手以外の立場の人々のなかにも自己ベストがあるのではないか、ということです。つまり、それぞれの立場で自己ベストを出し合っていくことが、大会の成功には必要なのではないかという意味が込められています。

　多様性と調和は、障がいや人種、民族、宗教、性別など、この世界はいろいろな人がいて成り立っているという点に目を向けようということです。パラリンピックには、その中心的な意義があるといってもいいと思います。

　未来への継承とは、2020年で終わるのではなく、それを通じて2020年以降にもつながる活動を、皆で一緒に繰り広げていこうということです。

▶多様性の理解と調和に向けて

　この3つのなかで特に大事なのは、パラリンピックを通した多様性の理解と調和の実現というテーマです。

　まず、パラリンピックを通して見えてくる障がいのある人への関心は、実は障がいのない人たちの世界と密接に関わります。つまり、将来的に病気や怪我で自分もそうなるかもしれない、あるいは老後に身体が動かなくなったときのことなど、そういう部分への想像力が広がっていくと思うのです。多様な社会を成り立たせるためにパラリンピックが与える社会的影響は、この意味で価値があり、重要だと考えます。

　大会の組織運営への取り組みにも、パラリンピックを意識したものがあります。組織委員会には52個のセクションがあります。たとえば選手の輸送や入国審査、競技会場の準備などさまざまですが、この52のすべてに必ずパラリンピックの担当者を置いています。

それから、パラリンピックのブランド価値をどのように高めるかということも大切な点です。特に、企業からどのようなサポートが期待できるかということです。実は、国際オリンピック委員会 (IOC：International Olympic Committee) のトップスポンサーとなっている企業が、パラリンピックもサポートしている例はまだそんなに多くはありません。日本企業でオリンピックのトップパートナーには、パナソニック、トヨタ、ブリヂストンがあります。そのうち国際パラリンピック委員会 (IPC：International Paralympic Committee) のパートナーは、パナソニックだけでしたが、2015 年 11 月、トヨタ自動車も IPC のゴールドパートナーになりました。パナソニックやトヨタ自動車のような企業をどんどん増やしていくことも課題です。

　それから、パラリンピックの時間、空間、分野、地域の広がりを強化していくことも重要なことです。2020 年は東京大会なので、「東京は盛り上がっているが、北海道や沖縄、関西は関係ない」というようにはならないようにしたいのです。やはり、日本でおこなっているという一体感は欲しいので、そのあたりをどのように広げていくかという課題に、今取り組んでいるところです。

▶5本の柱

　2020 年まであと 5 年ですが、これからの 5 年間、どういうことに取り組むのか 5 つの柱としてまとめました。①スポーツ・健康、②街づくり・持続可能性、③文化・教育、④経済・テクノロジー、⑤復興・オールジャパン・世界への発信です。

　スポーツと健康ですが、これについては、アスリート委員会で話し合うことになっていて、私もその委員の 1 人として取り組んでいます。特に、トップアスリートの国際競技力向上という視点は重要ですが、それだけではなく、「健康長寿」「オリンピック・パラリンピックの一体化」などさまざまなテーマがあります。5 つの柱で、クロスオーバーする部分も当然ありますが、それぞれブレインストーミングのなかでどんどんアイディアを出しながら、

この1年をかけてできることを整理をしていくことになっています。

　文化と教育という点については、文部科学省において、オリンピック・パラリンピックの教育に関する有識者会議が発足し、私も委員の1人として参加しています。そして、パラリンピック教育を通じて目指すべきものがこの会議の中間報告としてまとめられています。具体的には、大きく初等中等段階、高等教育段階の2つにわけて整理をしながら進めることになっています。オリンピックの歴史や競技内容、あるいはパラリンピックのクラス分けなど知識の面での教育をはじめ、オリンピック・パラリンピックを通じて学ぶことのできる国際平和、人種・信条の違いや障がいの問題など、相違や多様性を感じるという視点など、さまざまなものを盛り込めればと考えています。それが小学生であれば小学生なりの学び、高校生なら高校生、社会人なら社会人と、それぞれの段階でいろいろな学びができるだろうということで、今それを準備しているところです。最終報告はおそらく2015年度末になると思います。

　街づくりとは、持続可能性の社会づくりということです。駅の段差の解消などがあげられます。ロンドンのバリアフリーは参考になりますが、何より点字ブロックについては、日本が世界一だと思います。点字ブロックは岡山県の方が開発しました。それからホームドアは、日本国内では設置率が低いなどといわれていますが、しかしホームドアがあること自体が画期的です。それから、横断歩道で鳴っている音ですが、方角によって音の鳴り方が違ったりします。「どの音がどれ」というのは自分で覚えるしかないのですが、視覚障がい者への配慮という意味ではありがたいものです。

　最後に、経済・テクノロジーです。現在、いろいろな技術がどんどん開発されていますが、たとえばスマートフォンを持っていれば、競技を見ながら、選手の具体的なプロフィールがすぐに確認できます。そこで、スマートフォンがそもそも音声を読みあげてくれるようになっていれば、視覚障がい者もより試合を楽しめるのではないかと思います。あるいはFMラジオを聞いていて、副音声的に実況解説が聞ければより楽しめるのではないかとも思います。ロンドンのパラリンピックで視覚障がい者向けに、わかりやすい解

説をしようとFM放送がそのような貸出をおこなったところ、実は健常者を含む多くの観衆もルールや障がいの種類がわからないので、聞いたら非常にわかりやすく、これこそがユニバーサルサービスだったという話があります。視覚障がい者のためにやろうとしたサービスは、実はユニバーサルサービスだったのです。

このように、パラリンピックの理解や推進のために、東京2020組織委員会でさまざまに議論され、2016年1月、これら5本の柱に基づく「アクション＆レガシープラン2016中間報告」が公表されています。

▶日本障がい者スポーツ協会の取り組み

今、東京組織委員会の、2020年に向けてのお話をしましたが、日本障がい者スポーツ協会は、2030年に向けたビジョン「日本の障がい者スポーツの将来像」を発表しています。この発表は2013年3月のことでした。東京大会の招致が決定したのは2013年9月ですので、決定以前にこのビジョンを掲げていたということになります。

どのようなビジョンかというと、具体的には、日本パラリンピック委員会（JPC：Japanese Paralympic Committee）のホームページに掲載されていますので、ご覧いただければと思います。

目標の一部は、パラリンピックの夏冬のメダルについて、夏はトップ10で、冬はトップ5となっています。非常にチャレンジングですが、これをいかに実現につなげていくかということが、今、2カ月に1回の割合で議論されています。たとえば、この2013年当時の障がい者スポーツ協会のオフィシャルスポンサーは6社でしたが、2016年2月現在21社ほどになっているので、もうすでに目標を3倍以上クリアしています。このように、目標が前倒しして達成されている例もあり、今後もこの勢いでがんばりたいと思っています。

課題としては、日本障がい者スポーツ協会は、東京都の組織は強化されていますが、都道府県ごとの意識の差もあり、力の入れ方にも違いがありま

す。それらをどう解消するか、東京都と他県との連携を今後どうするか、考えていく必要があるかと思います。

2 ┃ 国際的な取り組み

▶ IPCの取り組み

次にIPCが出している戦略プランについてお話します。こちらもIPCのホームページに詳しく掲載されているのでご覧ください。

IPCが掲げているのは、①カレッジ、②ディタミネーション、③インスピレーション、④イクオリティという4つの価値です。これらの価値をどのようにして最終的なビジョンにつなげていくのかということです。最終的なビジョンというのは、「社会を変える」です。この4つの価値は選手たちのパフォーマンスを通じて一番現れるので、それを伝えるメディアの役割は重要です。このようなことをIPCが国際的に提示したのはとても大きなことです。日本障がい者スポーツ協会も、活力ある共生社会の実現というテーマを掲げていますが、このIPCの4つの価値は、まさに、それとシンクロします。また、2020年の東京大会ビジョン「スポーツには世界と未来を変える力がある」にもシンクロしているということがやはり重要なのではないかと思っています。

▶ 資金の確保、組織力

IPCの事務局はドイツのボンにあります。ここに、常勤の職員が約50名おり、予算規模は約14億～15億円程度です。一方日本障がい者スポーツ協会は、現在では職員数が約40名を超えており、予算規模は約15億円です。要するにまったく同じぐらいの規模だということができます。国際的に広げていけるようにするためには、まだまだ人員や予算を増やしていかなければ

厳しいと思います。したがって、資金の面では、スポンサーの確保などいろいろなことを考えて進めているのが現状です。また、IPCの職員のほとんどはボランティアです。多くの女性がここで活躍していますが、逆にいうと、男性が働き続けるだけの収入が確保できていないという見方もできます。したがって、やはり資金の確保は大きな問題です。

　このように見てきましたが、究極の目標はやはり「社会を変えていきたい」ということにつきます。「社会とは何か」「どういった社会にしていきたいか」といったことを考えるのに、パラリンピックは非常に重要な役割を担っていると思います。この一連の講義をきっかけにして、皆さん一人ひとりにとって、「パラリンピックとは何か」ということを、もう一度考えていただければと思います。

3 質疑応答

学生A（教育学部4年）▶ グラスゴー大会では、ベラルーシや、コロンビア、メキシコといった、先進国とはいえない国々がメダルを多く獲得していました。先進国の方が設備が整っていたりするなど有利な点が多いと思うのですが、こういった新興国がメダルを取っているという現状は何によるものなのかを教えてください。

河合▶ 水泳だけではなくトータルで見るといろいろな傾向が出てくると思います。水泳では650人が参加していますが、パラリンピックに参加しているのは今170カ国ぐらいです。ロンドン大会では160数カ国、リオ大会も170数カ国になるのではないか、といわれています。そのうち、水泳で参加しているのは実は50数カ国です。まだまだ少ないといえるでしょう。やはり水泳ができない国がまだあるということですね。

　私の印象では、1990年ぐらいまでは、メダルの数イコールその国の福祉の充実度というように、相関関係があったと思います。しかしそれ以降、パラリンピックがオリンピックと一緒に競技スポーツとして成り立っていくに

したがって、福祉という側面が目減りして、一定の選手を集めそこで集中的に強化、トレーニングをすることによってエリート教育をして、メダルの数を増やしていくという構図が作られてきました。代表的な例でいえば、たとえば、中国は2008年の北京パラリンピックがあるなかで、そういう強化体制を敷きました。では、中国にいる障がい者の福祉が充実しているかといえば、これは全然そうではありません。福祉の充実がメダル獲得数と比例していくのは理想ですが、そうはなりえない現状があります。ただ、選抜をしてトレーニングをしてメダルを獲得する、そのこと自体が「国際的には頑張っている」「福祉が充実している」ことを伝える手段にはなるかもしれません。つまり、最新の設備、プールだけでなく、優秀な指導者、才能のある選手がいることでメダルは増やすことができるということです。

平田 ▶ 中国の強化のことですが、日本では、オリンピック選手とパラリンピック選手をナショナルトレーニングセンターで一緒に強化したらいいのでは、という方針を作りましたよね。ところが中国はそこを分けています。韓国も分けていますが、欧米はオリンピック・パラリンピックが一緒です。そのあたりの違いは何でしょうか。

荒井 ▶ 日本では文部科学省において、パラリンピックを「最高水準の障がい者スポーツとして育てましょう」ということで、オリンピック選手たちが使っている施設とは別にパラリンピック選手のナショナルトレーニングセンターを作る案がずっと出ていました。しかし、私たち選手もコーチたちも、「それはおかしい」と主張しました。オリンピックとパラリンピックの選手たちが一緒になってできるトレーニングをやり、障がいによってできないものは補い合うことをやらなければ、スポーツは振興していかないと主張しました。その結果、日本ではオリンピック・パラリンピックが一緒になってトレーニングをする下地ができました。一方韓国は、仁川（インチョン）に、パラリンピック選手専用のナショナルトレーニングセンターができましたし、中国も分けています。ところがやはりここで問題が起こっており、オリンピックで培ったいろいろなノウハウが、パラリンピックのトレーニングセンターの方に流れていかない現状が浮上しています。

スイスの車いす陸上は世界トップレベルです。パラリンピックのトレーニングセンターは、脊損センターにありますが、最初にこのパラリンピックのナショナルトレーニングセンターができました。そして、その後にオリンピックの医科学的なトレーニングセンターができました。その脊損の医療センターには体育館やグラウンドもあり、設備が非常に整っています。日本もそこへ行ってトレーニングをしていますが、その病院施設をオリンピック選手たちも使えるようになっています。つまり、パラリンピックの次にオリンピックがきているという流れが、スイスにはあるのですね。

河合 ▶ たとえばオランダでは、パラリンピックとオリンピックを同年に開催したことはありませんが、実は1980年のモスクワオリンピックのときに、モスクワでパラリンピックがおこなわれなかったので、オランダのアーヘンでパラリンピックが開催されました。ここにそのとき整備された競技場などがありますが、この競技場が現在はオリンピック、パラリンピックのナショナル拠点になっています。要するに、パラリンピックのレガシーが共同利用につながっているのです。さらにオランダの特徴的なことは、オランダオリンピック委員会（NOC：Netherland Olympic Committee）とオランダパラリンピック委員会（NPC：Netherland Paralympic Committee）が統合され、すべての競技団体がオリンピック・パラリンピックを一緒にやっているということです。これは世界でもオランダと数カ国だけです。

学生B（スポーツ科学部3年）▶ パラリンピックを通じて誰も排除しない社会を作るうえで、初等教育や中高の体育の授業が大事になってくると思いますが、体育の教師になるときに障がい者に対しての項目がないという問題があります。また、体育の授業そのものに、たとえばブラインドサッカーを取り入れたら理解が進むとは思いますが、実際のところ、そういった話が出ているのか、また導入するにあたってどのような問題があるのかなどについて教えてください。

河合 ▶ 学校で勉強するときには、文部科学省が設定している学習指導要領に沿った学習をします。これに基づいて教科書が決まりますが、現状、ここにはオリンピックという言葉は入っていますが、パラリンピックという言葉は

ありません。しかし、今後はパラリンピックについても学習指導要領を作るよう検討するということになっています。したがって、今後は教科書に反映され、いろいろな教科でパラリンピックについてもオリンピックと同じように学んでいく機会が増えていくことになると思います。

荒井 ▶ 以前網走に合宿に行き、網走小学校を訪問して交流をしました。なぜそれが実現したかというと、その学校の教師がパラリンピックに興味があり、橋渡しをしてくれたのです。その後、網走小学校ではパラリンピックの教育がどんどん進みました。しかし、その教師が5年後に転勤されました。そうなると一転してパラリンピックの教育はストップしてしまい、今は残念ながら交流がなされていません。一個人の思いが実現できることもありますが、それを継続させていくには、やはり1つの制度としてこのパラリンピックを取り上げるのが非常に重要だと思っています。

　もう1つは、この東京オリンピック・パラリンピックを迎えるなかで、1校1国運動をやりましょうという意見もあります。これは長野でもやりました。国を調べて、国の方たちを応援しようという動きですが、私は国よりも、1つの競技に絞ってその学校で学んだらどうかと思っています。水泳なら水泳の選手にはどういう選手がいて、どんなトレーニングをして、どういう障がいがあり、ルールはどうなっているのかを学びます。あるいは海外の選手についても同様です。そうすると、自ずと会場に足が向き、応援したくなるように思うのです。そういう教育がいいかなと思いますね。

平田 ▶ 私は、パラリンピックの選手には、大会が終わった後に全国を回ってほしいと思います。フランスの車いすマラソン選手は、大会が終わってもそのままフランスに帰るのではなく、たとえば岡山に寄るなどしてこのような取り組みをおこなってもらいたいと思います。大会の前では、選手はトレーニングで手一杯です。したがって、大会が終わった後に日本の各地を回っていただいて、子どもたちや市民と交流をしてほしいと思います。メダルを持っている人、持っていない人にかかわらずです。

学生C（教育学部3年）▶ パラリンピックの審判は、障がいスポーツ専門の審判なのでしょうか。あるいは健常者のスポーツと審判は兼ねているので

しょうか。また、障がい者の方が審判として参加することもあるのでしょうか。

河合▶競技にもよりますが、オリンピックの審判の人がパラリンピックの審判を兼ねることができます。ただ、パラリンピックの場合は、クラス分けに関わる部分は専門の審判を養成しています。資格や能力さえあれば、障がいがあってもできます。ただ、私のように全盲ですと、見えないためにジャッジできない場合もありますので、そういう意味での制約はあります。

学生C▶兼ねる場合も、特別に勉強や資格がいるケースはないのでしょうか。

河合▶たとえば、水泳でいうと国際水泳連盟（FINA：International Swimming Federation）のルールで審判資格を持っている人はスタート合図はできますが、たとえば、「合図のときにこういう注意点がある」などということは勉強をしなければなりません。そういうケースはありますが、基本は同じと考えればいいと思います。オンラインでの研修もあり、国際的な研修も受講することで正式な審判となることができます。

学生E（教育学部4年）▶トレーニングセンターをパラリンピック選手とオリンピック選手が一緒に使えるようになったという話がありましたが、河合さんや木村さんは、早稲田大学の水泳部で活動をしていた際は、健常者の選手と一緒に練習をされていたのでしょうか。また、荒井さんの「AURORA」というチームは、トレーニングは健常者と一緒に合同練習をしていたりするのでしょうか。もし、そういう活動ができて成果が上がれば、もっと交流がさかんになるのではないのかと思いますが、いかがでしょうか。

河合▶私は、健常者の方と一緒に練習をしてました。私のスピードは女子選手と同じくらいです。そういう選手と練習がかぶっていたので、一緒にしていました。

荒井▶パラリンピックの選手がトレーニングする環境については、今まで経験したなかで一番良かったのは、学生スポーツとのコラボレーションです。スキーは大学のスキー部とよく一緒に合宿をやりました。合宿をするとだいたい同じ世代ですから、「使っている用具やワックスはこれがいいよ」など

と、話が盛り上がりますね。宿舎では、ご飯を食べた後、大学生たちがどう生活しているか、あるいは朝何時頃に起きてコンディショニング・トレーニングをやっているかなど、そういうのがわかるわけです。それはたいへん勉強になりました。そんなとき、そういう学生のなかにもパラリンピックに興味を持ってくれる学生がいるので、私たちスタッフが「パラリンピックのスタッフをやってくれないか」「コーチはどうだ」「ガイドはどうだ」と声をかけると、皆入ってきてくれるわけですね。そういったところで、お互いの効果が生まれます。パラリンピックの強化は、一方では国としての取り組みもありますが、もっと学生スポーツと一緒に切磋琢磨していけば、さらに効果をあげることができると思います。そういう仕組みを実現できればと思います。

河合 ▶ イギリスは大学がトレーニングセンターの機能を持っているので、一緒に練習するのが当たり前になっています。アメリカやカナダも同じですね。

学生F（国際教養学部5年）▶ パラリンピックの競技を見ている観客の年齢層と、どういった関係の人が主に多く見ているのか、教えていただけますでしょうか。またパラリンピックの種目のプロモーションで、もし特定のグループや特定の年齢層におこなっているのであれば、それがどのような施策か教えてください。

荒井 ▶ 旭川でのワールドカップは、小学校の子どもたちにまず見てもらおうということで動きました。子どもたちから大人へ伝えていくという、これがやはり私はとても大切だと思います。ですから、今後も、子どもたちにおこなっている取り組みをずっと続けていきたいと思っています。そして、5年後、10年後、彼らが大きくなって社会人になったときに初めて、今掲げている社会が実現の方向へ向かうのかなと思います。

河合 ▶ 日本の場合、ほとんどが関係者や、保護者、コーチいうところにとどまっているのが現状だと思います。したがって、荒井先生がおっしゃったように、子どもや学生に伝えて進めていくことは非常に大事です。ちなみにロンドンの場合、270万枚売れたチケットでいうと、見に行った人の半数以上

は女性でした。それは、実は母親が子どもたちと一緒に行ったということが大きく関わっています。そのための政策として、たとえば、スーパーマーケットのセインズベリーがベッカムというサッカー選手をアンバサダーを起用してアピールをしながら浸透させていったということもあります。いろいろなターゲットに向かって、アプローチの仕方はいろいろあるのだろうと思います。

平田 ▶ 最初の質問の方の話に戻りますが、パラリンピックの参加国ですが、ロンドンで162カ国です。オリンピックは204カ国でした。私はこの34カ国の差が気に入らないんですよ。ブータンもパラオもまだ参加していません。皆さんの知っている国でも、まだパラリンピックに選手を送ってない国があります。これを少なくとも2020年にはすべての国に参加してもらいたいと思っています。

　以前、アフリカのエリトリアという国に「パラリンピックに参加してはどうですか」といったとき、パラリンピックの協会がないというので、それでは作りましょうということでお手伝いしました。「それでは何の種目にしましょうか。普通は陸上と水泳で始めるのですよ」といったのですが、「水泳なんてない」といわれましたね。アフリカには泳ぐ習慣がありません。そしたら、やはり陸上競技ということになります。そして、標準記録を突破する選手を5年がかりでトレーニングして、選手団を送ってもらって、というプロセスを踏みながら、ゆくゆくは、200カ国以上の国にパラリンピックに参加してもらえたらと思います。

　オリンピックとパラリンピックの差はいろいろあり、すでに克服して一体化が進んでいる部分もありますが、参加国数の差をなくすことが今一番の目標です。パラリンピックによるスポーツ外交という側面にも、学生の皆さんにはぜひ興味を持ってもらいたいと思います。

河合 ▶ 参加国を増やすということですが、陸上では、投擲、それとパワーリフティングが一番やりやすいのではないかと思います。レーサー（陸上競技用の車いす）や義足に費用の面で負担がかかってくるので、やはり、アフリカのような途上国で取り組みやすい種目を選んでいくのがよいのではないかと

思います。

荒井 ▶ そうですね、今、何カ国参加していて、どのような種目をしているのかという点にもぜひ着目してほしいと思います。また先日、モンゴルのパラリンピック委員会から、クロスカントリースキーの選手を1人、日本でトレーニングしたいという申し出がありました。まだパラスポーツに取り組んでいない国から、日本でトレーニングしたいといわれたらどんなサポートもできますよね。そういったサポートを、この早稲田大学でもできるのではないかと考えています。

河合 ▶ そうですね。ぜひそういう形で進めていけたらと思います。

第 14 章

パラリンピックを学んで

Paralympic Games

河合純一（かわい・じゅんいち）
荒井秀樹（あらい・ひでき）
平田竹男（ひらた・たけお）

Summary

● 本章では、これまで学習してきたパラリンピック概論を、皆さんと一緒に振り返ります。

1 オリンピック・パラリンピック招致

河合 ▶ パラリンピックは、オリンピックの前に開催した方がより盛り上がるのではないか、といわれることがよくあります。パラリンピックを盛り上げるためのアイディアは、これまでにもたくさんいただいていますが、すでに招致運動の段階で、オリンピックの後にパラリンピックを開催するということが決まっているので、それを変えるのはなかなか難しいです。いろいろなアイディアを反映させるとなれば、国際オリンピック委員会（IOC：International Olympic Committee）のレベルに話を持っていかなくてはなりません。

荒井さん、2022年の冬季オリンピックの開催地が北京に決まりましたね。

荒井 ▶ 日本パラリンピック委員会（JPC：Japanese Paralympic Committee）のスキーの関係者は北京になるのではないか、と予想していました。ノルウェー

とドイツが辞退しましたので、カザフスタンと中国しか候補地がありません
でした。2018年は韓国の平昌で開催されることが決まっていますので、し
ばらくの間はアジアでの大会が続くことになります。

平田 ▶ カザフスタンには雪があり、空港から20分ほどのところにスキー場
もあります。北京には雪がなかったと思いますが、人工スキー場を作るので
しょうか。競技の利便性だけのことを考えたら、雪があるカザフスタンがよ
かったのかもしれませんが、北京開催になれば、中国の人に冬季の種目に注
目してもらえるようになりますので、競技人口や観客も増えてくるでしょう
し、そう考えると北京の開催には価値がありますね。

河合 ▶ いろいろなことがオリンピック・パラリンピックの招致活動には関
わってきますので、そういう視点を持って、見ていただけるとよいですね。
また、アクセシビリティについても配慮された決定がなされればいいと思い
ます。

2 ：3人のゲスト

荒井 ▶ 今回のパラリンピックの授業はとてもいい内容でした。学生の皆さん
からの感想を読ませていただきましたが、パラリンピックを知らなかった学
生がいろいろなことに関心を持ってくださったことがとても嬉しく思いまし
た。なかには「講義の内容が身体の一部になっている」というような表現を
してくれた学生もいて、ぜひパラリンピアンやスタッフにも読んでもらいた
いです。

河合 ▶ そうですね。これだけ全体を網羅し、さまざまな角度からアプローチ
したパラリンピックに関する授業は、日本にはありません。それが早稲田大
学でスタートしたということは、たいへん意味のあることだと思います。今
回の授業をベースにして、さらに発展させていければよいと思います。

　さて、クラス授業では何名かゲストをお呼びしました。ゲストのお話を振
り返ってみましょう。

▶第9章　パラリンピックとクラス分け：ゲスト木村潤平さん

河合▶木村潤平さんには、水泳、トライアスロンの面からパラリンピックのクラス分けについてお話していただきました。今、彼は、リオデジャネイロ大会のプレ大会に行っているようですね。

荒井▶彼の話では、ハンドサイクルが非常に高価で、それを自分で用意しなければならないというのが大きな課題ということでした。

河合▶そうですね。競技に関心を持っても、取り組むにあたって用具に莫大な費用がかかるというのは、大きなハードルだと思いました。

▶第10章　車椅子バスケットボール：ゲスト及川晋平さん

河合▶及川晋平さんは、今は、全日本の合宿で宮城に行っているようですね。講義でも話に出ていましたが、10月に、リオデジャネイロ大会のアジアオセアニアゾーンの予選会があるので、それに向けての合宿です。

荒井▶及川さんは、漫画の「リアル」のモデルになっている方で、私はそのイメージがとても強いですね。

河合▶そうですね。今度はぜひ、監督やヘッドコーチとして、次世代に夢をつないでいってくれる人になってくれるといいな、と思います。

　なお、第11章の大日方邦子さんが話してくださった広報（マーケティング）の問題に関わりますが、今回のアジアオセアニアゾーンの予選会は、企業のスポンサーがついていて、大会が大きく報道されていくことも発表されていますので、とても良いことだと思っています。

▶第11章　パラリンピックのマーケティング：ゲスト大日方邦子さん

河合▶大日方さんも授業の後はロサンゼルスで講演活動をなさり、国際的にも活躍しています。授業では、障がい者スポーツと企業との関わりという視点でいろいろなお話をいただきましたが、あの授業はとても盛り上がりました。

授業では時間の関係でご覧いただけなかった動画がありますので、改めて数本観ていただきながら、次は、学生の皆さんからも意見をいただければと思います。

▶健常者と障がい者スポーツの垣根

荒井 ▶ まずはギネスビールのCMです。車椅子バスケットボールの試合の後にパブに行って皆でギネスを飲むCMです。試合が終わってパブに向かうとき、1人を残して選手たちが皆立ち上がるシーンが印象的ですね。健常者と障がい者が一緒になって、車椅子バスケをしているのです。

河合 ▶ このCMを観たことのある人はどれくらいいますか？

荒井 ▶ 10人くらいですね。

河合 ▶ このCMは、車椅子バスケをプレイすることと、車椅子バスケをやっている選手全員に障がいがあるという先入観を覆しているところがポイントです。

　実は及川さんは電車で移動していらっしゃいますが、講演会などに招聘してくれた先の方が「どこそこの駅にはエレベーターがあったかな？」という話をするとき、及川さんは「歩けますから」というと「えっ」という顔をされるらしいですね。やはり、義足の方でもできるスポーツですが、「車いすに乗っていると歩けない」という先入観がありますね。そのような先入観に引っ張られずに、皆さん自身で考えながらしっかり知っていく、そういう態度が重要だと思います。

荒井 ▶ 私は、イリノイ大学のバスケットコートに車いすマークが貼ってあって、そこは車椅子バスケのチームが専用に使えるようになっている、という話を聞いて、本当に驚きました。いいですよね。

河合 ▶ そういう動きが早稲田大学でもあるといいですね。

荒井 ▶ 大学という場で、健常者と障がい者がスポーツを通じて共存できればと思います。

荒井 ▶ 次にユニクロのCMです。見たことのある人いますか？　2、3人ですか。

河合 ▶ 国枝慎吾選手が出演していますね。錦織圭選手やノバク・ジョコビッチ選手も共演していますね。こういう形で健常者と障がい者が同じアスリートとして自然に溶け込んでいるシーンは、最近はよく出てきます。グーグルのCMにもありました。

荒井 ▶ 次はカナダパラリンピック委員会のCMです。義足の陸上選手がアスリートになった現在から、怪我するときまでの時間を、400mトラックを走りながらさかのぼって振り返っていくというシーンです。ロンドン大会の前にこれが頻繁に放映されていましたが、ロンドン大会に向けてのカナダのパラリンピック委員会による広報活動の1つです。

　これらのCMのように、オリンピックの選手とパラリンピックの選手が肩を並べて出演するCMがどんどん出てくれば、もっともっとパラリンピックの知名度や認知度が上がるのではないかと思います。

学生B（人間科学部4年） ▶ カナダパラリンピック委員会のCMは最初見たときはまったくわからなかったのですが、解説をお聞きして、改めて見たら深いなと感じました。

河合 ▶ そうですね。ぱっと見ただけではわかりにくいですね。それは意図しているのかもしれませんね。考えさせるという感じで。

平田 ▶ 私はギネスのCMを知事や市長、政治家などに観ていただきましたが、皆さん最初は、シーン一つひとつにどのような意味があるのかわからないのです。そこで、2回見てもらうことが多いです。そして意味を理解してくれた方々がツイッターなどで拡散してくださいます。こういうことは大事だと思います。

　それから、ギネスのCMにあるように、障がい者スポーツを健常者もやる、ということがあってもいいですね。

荒井 ▶ そうですね。私たちにもできるパラリンピックのスポーツが結構あり

ます。つまり、生活のなかにパラリンピックのスポーツを入れていくという考え方は良いと思います。

学生C（商学部4年）▶ 1回目の授業でも、シドニーのパラリンピックのときのCMで、健常者の人と知的障がいの人が一緒に車椅子バスケットボールをしている動画を見ましたが、健常者も障がい者も一緒になって、趣味の範囲としてもできるスポーツなんだな、ということをすごく感じました。

河合▶ そうですね。オリンピックと同じで、パラリンピックもそういう大会で頂点を極めようとすると、自分が持っている限界に挑戦するということが必要になります。オリンピックやパラリンピックはそういうハイパフォーマンスの場なのですね。しかしながら、それと同時に、障がいがあるからこそのルールや道具を使った競技を、健常者と一緒に楽しむというのは、また別の視点で必要です。このような、頂点を極めること（強化）と生涯スポーツとしてのあり方（普及・啓発）が、より良く循環していけばと思います。

　そういう意味では、今見ていただいたCMは大きな役割を果たしています。たとえば、スポーツの後に酒を飲みに行くというのは、世界では当たり前のことですね。スケートリンクのトレーニングセンターの脇にもバーがあって、練習の後そこで飲んだりします。競技や練習を終えてシャワーを浴びてスッキリして、皆で一杯飲む。そうすると、そこで親睦が深まり、うまく仲間作りができて、コミュニティができてくる。そういったことをスポーツは可能にすると思います。

　次のケースは、ロンドンの「チャンネル4」が制作したものです。オリンピックに対して「パラリンピックの前座を盛り上げてくれてありがとう」というメッセージが込められた、少しブラックジョーク的な作りですね。

荒井▶ 「チャンネル4」は熱心に取り組んでいて、ロンドン大会の何年も前から、障がい者をキャスターやプロデューサーとして採用して、大会に備えていきました。そのような局の気持ちも、このCMには込められているのではないでしょうか。

河合▶ 最後のCMは国際パラリンピック委員会（IPC：International Paralympic Committee）が制作したものですが、IPCの歴史や、パラリンピックの価値を

含めてパラリンピックの存在意義や、ここに至るまでの軌跡を振り返るというものです。

荒井 ▶ このなかに出演しているポーランドの片腕の卓球の選手がオリンピックにも出場していて、たいへん活躍していました。その選手が今、冬の競技のクロスカントリースキーにも挑戦しています。カナダに視覚障がいのスキー選手でブライアン・マッキーバーという人がいますが、この選手もオリンピックとパラリンピック両方に出場しています。

河合 ▶ 北京オリンピックでは、南アフリカの片足切断の女子選手がオープンウォーターに出場しました。そして、パラリンピックの水泳に出場し金メダルを獲得していました。

　このように、今ではオリンピックとパラリンピックの両方に挑戦して活躍する選手がどんどん現れてきて、トップアスリートの世界で健常者と障がい者の垣根が取り払われるような動きが出てきています。

▶ 視覚障がいの選手の活躍

荒井 ▶ ところで、視覚障がいの選手は年々増えていっているのでしょうか。

河合 ▶ 弱視のB2、B3クラスの選手は多くなってきていると思いますが、全盲のクラスはどの競技もなかなか厳しい状況です。

荒井 ▶ それには何か理由があるのでしょうか。

河合 ▶ 1人で行動することが難しいので、練習場所に行きにくかったり、トレーニングできなかったりしますので、そのあたりが原因ではないかと思います。

荒井 ▶ それに対する対策はありますか。具体的な事例があれば教えてください。

河合 ▶ 日本の場合、現状では、全盲の方の練習拠点になっているのは盲学校です。先生（指導者）もいますし、体育施設もあります。生徒のほとんどが寮生活ですので、生活も管理してもらえています。そういった施設で、生活やさまざまなことをサポートしてもらい育ててもらえているのは大きな特徴だ

と思います。

　私の持っている杖はアメリカ製で、単にゴムが入っているだけのシンプルな作りですが、カーボンでできているので軽くて使いやすく、もっぱらこれを使っています。杖の使い方は結構難しいので、練習をしなくてはならないのですが、その技術を教える授業が盲学校にあります。自立活動といいますが、こういった授業は、全盲の人間が活動範囲を広げるうえで重要です。

▶ アジアで初めてのIPCワールドカップ

荒井 ▶ 2015年2月に旭川で、IPCクロスカントリーワールドカップが開催されました。これはアジアで初めてのワールドカップです。今後も日本でパラリンピックスポーツの国際大会が開かれていき、皆さんもどこかで関わるのではないかと思いますので、このワールドカップがどのようなものだったのかご紹介します。

　このワールドカップには、カナダ、フランス、カザフスタン、モンゴル、ノルウェー、韓国、ロシア、アメリカ、日本の9カ国が参加しました。種目はクロスカントリーの5種目です。残念ながら日本は金メダルを取れませんでしたが、銀と銅を合計9個取りました。

　この大会を経験した結果、アジアのウィンタースポーツは欧米諸国に比べると遅れていると痛感しました。2018年に韓国の平昌で冬季パラリンピックが開催されますが、韓国のクロスカントリースキーの選手は2名しかいません。車いすの女性と、視覚障がい者B2クラスの男子選手だけです。さらに、韓国はメダルを取れる見込みがないと一切お金をかけないので、彼らに対して強化訓練などはおこなっていません。

　これでもわかるようにアジアの国のレベルをもっと底上げしていく必要がありますが、それに対して日本には大きな役割があると思います。2015年のワールドカップはその一環です。日本にアジアの人たちを呼んで大会を開くことを、今後も続けたいと思っています。

　さて、このワールドカップを開くにあたって、地域の人たちにはどのよう

に関わってもらえればよいのかをたくさん議論しました。その結果、メダルの製作を業者ではなく、養護学校の生徒さんたちにお願いすることにしました。学校としても、ワールドカップに使うメダルを作ったというのは大きな成果になったと聞きました。

　また、障がいのある児童や生徒だけではなく、旭川の小学校の子どもたちにもパラスポーツを見てもらおうということで、応援に招きました。そのために私は選手と一緒に学校を回って、体験授業をやったり、選手の話を聞いてもらったりして競技について理解を深めてもらうようにしました。それが功を奏して、当日は本当にいい形で応援してくれました。なかなかクロスカントリースキーの応援に来てくれる人は少ないのですが、毎日約2000人近い人が来てくれました。そして、特に強調したいのが、ボランティアの皆さんのことです。「グリーンジャケット」と私たちは呼んでいましたが、旭川の方の学生や主婦の方など総勢約400名がボランティアとして、表彰やセレモニーの場などで活躍してくれました。

　最後に、日本での開催の効果というのは、地元の日本選手が活躍できるという点が最も大きいです。国際大会は年4回ほどありますが、なかなか日本選手、特にジュニアの選手は参加することが難しい現状です。今回はそのようなことで、ジュニアの選手を地元特別枠で出場させました。中学3年生だった星澤克選手、富山県の川除大輝選手も中学2年生で、この旭川の大会が初めての国際大会でした。川除選手は両手障がいがあります。ストックを持たないで、足の力だけで10〜15km走ります。星澤選手は片腕の障がいですので、ストック1本で走ります。

　彼ら2人はこのような状態で同じ競技レースに出場しますが、スキーの場合はハンデ戦です。LW57という両手のクラスは、実際のリアルタイムに85％をかけたタイムを自分の計算タイムとして表します。片腕の選手は、リアルタイムに92％をかけたタイムが自己タイムです。こういうレースをどんどん経験してもらって、次の平昌（ピョンチャン）大会やそれに続く大会に向けて奮起してもらいたいなと思います

　国際大会を開くと、海外の選手に地元の学校へ行ってもらい、国際交流を

してもらえるのも1つのポイントです。今回は、フランスチームとカナダチームが地元の学校に行ってくれました。フランスチームは実際に視覚障がい者が使うバイアスロンのビームライフルを子どもたちに体験してもらいました。バイアスロンのレースはなかったのですが、バイアスロンの世界チャンピオンが来ていたので、彼に体験学習をしてもらいました。子どもたちは良い経験ができたと思います。

カナダのブライアン・マッキーバー選手には旭川の盲学校を訪問してもらいました。マッキーバー選手はB3という弱視ですが、先ほど述べたように、オリンピックのカナダ代表にも選ばれている選手です。こうした有名な選手と一緒に写真を撮ったりサインをもらったりして、さまざまに交流をすることができました。

こういう交流が一度できるとその後もずっと関係が続いたりするのです。私は2018年の平昌大会の際、事前合宿や事後のイベントでさまざまな国の選手に日本に来てもらい、交流が実現できればいいと思っています。

▶パラリンピック競技運営の課題

荒井 ▶ ところで競技運営では、困ったこともありました。日本のスキー連盟に委託していたのですが、この連盟は健常者のスキー連盟ですので、彼らにとってもパラスポーツの大会は初めての経験でした。ルールが浸透していなかったり、ほかにもいろいろなことがあり、最初はとまどいの連続でした。

そこで、東京パラリンピックを開催するにあたって、この競技運営の面ではどのような対策がとられているのか、河合先生にお話をおうかがいしたいと思います。

河合 ▶ 先日グラスゴーで障がい者水泳世界選手権がおこなわれましたが、ロシアのカザンの世界水泳に行っていた日本水泳連盟の方に、グラスゴーにも行っていただきました。競技運営の様子やIPCの責任者にもお会いいただいて、パラリンピックの運営者をしっかり育てていくことに合意してきました。やはり人が重要になりますが、いずれにしても、協力体制をしっかり

作ってやっていくことが大事だと思います。それから、やはり競技を実際に経験してみるということが第一歩になるのではないでしょうか。

荒井 ▶ 水泳ではこういったIPCの国際大会を日本で開いたことがあるのでしょうか。

河合 ▶ 2009年にアジアユースパラゲームズという小さな大会を開催しましたが、それ以来ありません。国際大会としてのオープン大会を少しずつ進めていかなければならないと思っています。

荒井 ▶ たとえば健常者のスポーツでいえば、世界陸上、世界水泳、バレーボールなど、割と日本で国際大会を開くことが多いですね。一方で、障がい者スポーツの場合、世界でも強さを誇る水泳や陸上についても、日本で国際大会を開いていません。その理由は何でしょうか。

河合 ▶ 受け止める側の私たちの方にも理由があります。やはりまだまだ障がい者の競技団体が弱く、加えて資金もなくて自信がないというのが大きいのでしょう。実際に今回の世界水泳は選手が650人います。パラリンピックも600人です。600人前後の障がいのある方々と、関係者も含めておよそ1000人以上をオペレートするノウハウがまだありません。会場をどう行き来するかという話から、各所との協力体制が必要ですが、なかなかそれらがうまく進まないということがあります。

荒井 ▶ これから東京大会を迎えるうえで、プレ大会もありますが、競技運営は日本人が中心で進めるのですよね。

河合 ▶ 日本のスタッフが進めますが、重要なポストはIPCの関係者が担うと思います。

荒井 ▶ 私は国際大会を経験することが絶対に重要だと思っています。そうでなければ、日本はどんどん遅れていくのではないかと危機感を感じています。

河合 ▶ 旭川でワールドカップをおこなったことで、その意義やこれからの課題が明確化したのは大きいと思います。選手の強化の問題、観客を育てるポイント、ボランティアの方々の協力、そして競技運営のノウハウ、こういうものを飛躍的に育てるのが、国際大会なのではないかと思います。

荒井 ▶ さらに、こういった国際大会に大学のスポーツがうまく関わり、大学

が大会をサポートするような仕組みができるといいのではないかと思います。

▶日本社会と障がい者スポーツ

平田▶授業では、他の競技種目をもっと知りたいという意見がありました。パラリンピックや障がい者スポーツが、そもそも何なのかということを知ることはとても大事なことです。また、ギネスのCMにあるように、障がい者と健常者が一緒にスポーツに参加することが実現しています。今後、社会がどのように障がい者と接したらよいのか、つまり「心のバリアフリー」をどうとらえるかという点が重要となります。授業では、そういった障がい者と健常者の関係性について学んでいただきたいと思います。これについては、何かご意見はありますか？

学生F（文化構想学部3年）▶私は以前、平田先生の授業を受けたときに、「5年後の東京オリンピック・パラリンピックではここにいるすべての人が、どんな職業に就いても絶対に関わることになる」とおっしゃっていたことが、すごく印象的でした。そして、今回、このパラリンピック概論を受講して、改めて、どの分野にいる人も、確かにパラリンピックの視点を持ったりアンテナを張ったりすることが大事なことになってくるのではないかと感じました。私は来季からの授業では、競技のことだけではなくて、メディアや企業との関わりなど、別の視点もぜひ加えていただけたらと思っています。

学生G（スポーツ科学部3年）▶私は今、塾の講師のアルバイトをしているのですが、そこで、社会にどう関わっていくかということで、高校3年生や浪人生の小論文の課題に、障がい者の問題をテーマに出しました。そうしたら、「高校で障がいを持つ人が実際にいたが、どう接すればいいかわからない。それはやはり、小中高でそういう方々と触れ合うような機会もないし、教えてもらえるような機会もなかったからではないか」と書いてきた人がいました。障がいを持つ方々との出会いやその問題を教えてくれる人との出会いがあれば、実際に自分がそれと向き合ったときに、自分なりの考えでアプローチできるのだと思います。大学でこういった授業があることはもちろん

ですが、もっといろいろな場で障がい者について知る場があると、社会で理解が深まっていくのではないかと思います。

平田 ▶ 早稲田大学の学生は、これから社会に出ると、リーダー的な立場、つまり日本を牽引していく人間になっていきます。これはとても大事なことです。スポンサー企業に勤める人も出てきます。大企業のビジネスパーソンというのは、影響力がとても大きい立場です。自分で企画を立てて、何十億というお金を動かしていきます。またメディアでいえば、大手の新聞社、たとえば『朝日新聞』の人がこの授業のことを書いてくださると、他の大学にも影響を与えて、同じような授業を「うちでもやらねば」というようになってくれるのです。コラムを書いてくれたのは1人の若者の記者ですが、こういった若者の力はとても大きいのです。私はこういった授業で、そういう力を持つ仲間を作っていきたいと思っています。

荒井 ▶ 中外製薬が作ってくださった、パラリンピックのPR紙があります。パラリンピックの有名な選手を取り上げて、まとめてくださっています。これを企業などに配布して、少しでもこのパラリンピックを広めようとしてくださっています。これはぜひ日立ソリューションズでも、顧客に配れるようにおこなってみたいと思っています。パラリンピックや障がい者スポーツについては、こういったものを使って、1人でも2人でも応援者を作っていく行動はとても大切だと思います。中外製薬で頑張っている社員の方たちのように、皆さんも就職された企業で、ぜひ頑張ってもらえればと思います。

平田 ▶ 私は講演をする機会がたくさんあるのですが、「実は、自分の娘や息子が障がいを持っているのですが」と話される方に出会うことがあります。そして「実は隠しているのですが」といういい方をされます。また、私は以前役所に務めていたのですが、友人のご家族にも公務員宿舎の同僚のご家族にも障がい者がいました。つまり、誰にとっても身近な問題のはずなのです。そういった人と一緒に楽しい社会を作らなければならないと思います。ではどうすればいいのでしょうか。やはり、パラリンピックへの理解を深めることが重要です。もちろんパラリンピックはスポーツなので、アスリートとしてのリスペクトも大事ですが、それに至るプロセスで得られるものはと

ても大きいのです。単に「共生社会」と叫んだだけでは、10の手間がかかるところが、パラリンピックを材料にすると1の手間で済むところもあります。

河合 ▶ そうですね。触媒効果というか、「ブレークスルー」「きっかけになる教材」ということもできます。

平田 ▶ そういうことでパラリンピックが利用されるのは問題ありませんか？

河合 ▶ 問題ありません。むしろそうしてもらわないと、これだけ世界から注目されるイベントとしての意味はありませんし、オリンピックと並び称される必要性もないと思います。

学生H（スポーツ科学部2年）▶ 初回のクラス授業のときに、河合先生は17歳のときに初めて海外に行ったと聞きましたが、15歳で完全に失明して目が見えないなかで、視覚以外でどのように日本と外国との違いを感じたのかを教えてください。

河合 ▶ 視覚以外の五感を使ってというと、匂いや聴覚、音などです。街を歩いているときの音は違いますし、言葉も違います。そういうのを含めた、いわゆる「におい」のようなものはありますね。それから、いろいろなものを触ります。実際に、バルセロナでガウディの建築物に触れてみたこともありました。

荒井 ▶ 車いすの選手は海外に行くととてもたいへんです。欧米の道は石畳が多いからです。名所を回るときは歩道も狭いので車いすが乗らないし、車道を通ると後ろから車が来てクラクションを鳴らされます。そうなると、部屋から出る気もなくなってしまい、ストレスがたまります。スキーの場合も、山のロッジに泊まるとなおのことで、大会期間中の2週間程度、部屋から出ないというのは結構きついですね。そういうことを経験しました。

学生I（政治経済学部3年）▶ 授業のなかでいろいろな映像を見せていただきました。そのほとんどが初めて見るものでたいへん関心がわきました。やはり普段からそういった映像を見る機会があるというのは、大事なことだと思いますので、いろいろなところで放映してほしいと思っています。

　それから、私の出身地は深谷市で高桑早生選手と同じですが、地域が一丸

となって選手を応援するという取り組みが大事だと思っています。最初は地域という単位から徐々に世界に広がっていくことがさかんになればいいなと思います。

学生J（教育学部1年） ▶ 自分も障がいを先天的に持っていて、左腕がありません。しかし、その障がいを隠すこともなく、むしろ皆に知ってもらいたいと思っています。ただ、皆の方が「聞いてはいけないのではないか」と思っている気がします。こういう講義があってたくさん障がいのことについて知ってもらえたのは嬉しいことでした。

学生K（人間科学部2年） ▶ 私は小さい頃に障がい者スポーツをやっている方の伝記を漫画で読んだのがきっかけで、授業をとらせていただきました。今回の経験が、自分のなかにある障がい者や障がい者スポーツに対する心のハードルを下げてくれました。授業としては2020年の東京オリンピック・パラリンピックについての話が多かったのですが、やはりこういう授業は、東京大会が終わってからも、ずっと続けていくことが大事だと思います。

学生L（商学部4年） ▶ 私がこの授業を受けたのは、サークルにリオデジャネイロ大会を目指している人がいたのがきっかけでした。私自身は、先週、市民ランナー向けのタイムトライアルがあり、そこでペースメーカーを務めさせていただきましたが、そこにゲストランナーできていたのが和田伸也選手でした。実際に障がいのある人と一緒に競技する機会は、健常者が障がい者スポーツに興味を持つきっかけになるのではないかと思っています。

▶おわりに

河合 ▶ 2カ月の間、ありがとうございました。パラリンピックには、自分が失明してからほぼ20年以上関わってきました。そこで経験したこと、考えたことを皆さんと共有できたことは、たいへん貴重です。来年もまた授業を開講します。また講義を聞きにきていただければと思います。

荒井 ▶ この2カ月間とてもいい授業ができたと思います。いろいろと勉強にもなりました。そして、何よりも、この授業を支えてくださっているのが中

外製薬の皆さん方です。中外製薬の社員の方も、この講義を受けてください
ました。学生からの感想文や意見も非常に喜んでくださっています。企業の
取り組むべき社会貢献にはさまざまな形があると思います。私は、ここにい
る学生に、どんどん企業が投資して、一方の学生の皆さんも、「これからの
日本は自分が背負うんだ」という気概を持ってほしいと思います。そしてぜ
ひ、若い方たちで、この社会を良い方向に変えてもらいたいと思っていま
す。

■編著者紹介

平田竹男（ひらた・たけお）

早稲田大学大学院スポーツ科学研究科教授。内閣官房参与。内閣官房東京オリンピック・パラリンピック競技大会推進本部事務局長。

1960年大阪生まれ。横浜国立大学経営学部卒業後、通商産業省（現経済産業省）に入省。在ブラジル日本大使館一等書記官、資源エネルギー庁石油天然ガス課長などを歴任。同省在職中、プロリーグ化検討委員会に参加してJリーグ発足に尽力したほか、日本サッカー協会国際委員としてワールドカップ日本招致にも携わる。2002年同省を退職しスポーツ界に転身。日本サッカー協会専務理事に就任し、なでしこジャパン誕生や女子サッカー、フットサルの普及に尽力。その後、日本スポーツ産業学会会長、日本陸上競技連盟理事、日本スポーツ協会理事、Tリーグ理事、日本プロテニス協会副理事長、東京マラソン財団理事など歴任。ハーバード大学行政学修士、東京大学工学博士。

河合純一（かわい・じゅんいち）

元水泳選手。日本パラリンピアンズ協会会長、日本身体障がい者水泳連盟会長、東京オリンピック・パラリンピック競技大会組織委員会アスリート委員会副委員長。日本パラリンピック委員会アスリート委員会委員長。

1975年静岡県生まれ。先天性ぶどう膜欠損症のため、生まれつき左眼の視力がなく、15歳で右眼の視力も失い全盲になる。水泳は5歳より始め、1992年、17歳のときに初めてパラリンピックに出場（バルセロナ大会）。早稲田大学教育学部在学中の1996年、アトランタパラリンピックで金メダルを獲得。以後、シドニー、アテネ、北京、ロンドンの各大会に連続出場。通算獲得メダル数21個（金5個・銀9個・銅7個）。

荒井秀樹（あらい・ひでき）

パラノルディックスキーチーム日本代表監督、北海道エネルギーパラスキー部監督、星槎道都大学経営学部特任教授、北翔大学客員教授。株式会社電通顧問。

1955年北海道生まれ。東京都江東区職員だった1995年、当時の厚生省の要請により障がい者スキーの選手強化、指導、育成を開始。1998年開催された長野パラリンピックから、ソルトレイク、トリノ、バンクーバー、ソチ、平昌に至るまで6大会連続でメダリストを輩出。障がい者スキーの指導者として、世界選手権、ワールドカップの各大会でも優勝者を出している。2004年11月、日本で初めての障がい者スポーツの実業団チームである「チームAURORA」の設立を実現。早稲田大学大学院スポーツ科学研究科修士課程修了。

■著者紹介

及川晋平（おいかわ・しんぺい）

車椅子バスケットボールチーム「NO EXCUSE」コーチングプレーヤー。NPO法人Jキャンプ理事長。

1971年千葉県生まれ。高校1年の冬、骨肉腫で右足を切断。22歳のとき、車椅子バスケットボールを始める。翌年アメリカに留学、シアトルスーパーソニックス、フレズノレッドローラーズでプレー。2000年シドニーパラリンピックに出場。2002年、「NO EXCUSE」を立ち上げる。2001年から車椅子バスケットボールキャンプを主催。現在はNPO法人Jキャンプで若手育成にも注力する。

木村潤平（きむら・じゅんぺい）

水泳、パラトライアスロン選手。

1985年兵庫県生まれ。先天的な下肢不全により、幼稚園の頃から松葉杖利用。早稲田大学教育学部在学中の2004年、アテネパラリンピック水泳の100m平泳ぎに出場し6位入賞。以降、北京、ロンドンの各大会に水泳選手として連続出場。2016年のリオパラリンピックではパラトライアスロンでの出場を狙う。

大日方邦子（おびなた・くにこ）

チェアスキーヤー。日本パラリンピック委員会運営委員、日本パラリンピアンズ協会副会長。電通パブリックリレーションズ勤務。

1972年東京都出まれ。3歳のとき交通事故により右足を切断、左足にも重度の障がいを負う。高校2年生のときにチェアスキーを始める。1994年のリレハンメルから2010年のバンクーバーまでパラリンピックに5大会連続で出場し、アルペンスキー競技で合計10個のメダル（金2個、銀3個、銅5個）を獲得。1998年の長野大会では、冬季パラリンピックにおける日本人初の金メダリストとなる。

パラリンピックを学ぶ

2016年8月5日　初版第1刷発行
2019年6月1日　初版第2刷発行

編　　　者	平田竹男・河合純一・荒井秀樹
デザイン	佐藤篤司（装幀）、米谷豪（本文）
本文組版	Kre Labo
発 行 者	須賀晃一
発 行 所	株式会社早稲田大学出版部
	〒169-0051　東京都新宿区西早稲田1-9-12
	TEL03-3203-1551
	http://www.waseda-up.co.jp
印刷製本	シナノ印刷株式会社

©Takeo Hirata, Junichi Kawai, Hideki Arai 2016 Printed in Japan
ISBN978-4-657-16014-0